最能了解自己的

心理测试

星座小仙◎主编

农村读物出版社

图书在版编目（CIP）数据

最能了解自己的心理测试 / 星座小仙主编. — 北京：
农村读物出版社，2014.5
　（微阅读）
　ISBN 978-7-5048-5718-7

Ⅰ．①最… Ⅱ．①星… Ⅲ．①心理测验－通俗读物
Ⅳ．①B841.7-49

中国版本图书馆CIP数据核字(2014)第058153号

策划编辑	黄　曦	
责任编辑	黄　曦	
出　　版	农村读物出版社　（北京市朝阳区麦子店街18号楼　100125）	
发　　行	新华书店北京发行所	
印　　刷	北京市兆成印刷有限责任公司	
开　　本	720mm×1000mm　1/32	
印　　张	7.5	
字　　数	160千	
版　　次	2014年7月第1版　2014年7月北京第1次印刷	
定　　价	20.00元	

（凡本版图书出现印刷、装订错误，请向出版社发行部调换）

前言：遇见未知的世界和自己
Preface

我们渴望了解别人。

我们渴望了解自己。

可是我们都那么缺乏安全感，不敢也不愿意袒露心扉。所以，别人看我们是雾里看花，我们看别人，也是云山雾罩。

对于自己，我们也不敢说就完全了解。我们的胆怯，我们的喜乐哀愁，有时也会被我们熟知的假象掩盖，没有合适的时机，真实的那个自己，也会一直沉寂。

了解自己，了解别人，何不借助一些"外力"。比如心理测试题。用丰富的细节测试来探寻我们内心的秘密。

这样的测试，是我们需要的。通过日常的小事，通过我们对一些事物的细微看法，通过梦境的剖析，我们得以发现另一个我们不熟悉的自己。

不要害怕这样的测试，这样的测试也许告诉你一个很陌生的自己，但这个自己是一直存在的，测试不过是了解的一个途径。

茶余饭后，拿起这本小小书，测试下自己吧！带着认识未知的世界，未知的自己的好奇，不必害怕，这只是个小游戏。

了解自己，了解别人，才能使这个社会更和谐，才会让我们对这个世界更有自信，更有策略，更安心。

翻开这本书，进入认识自己，认识世界的奇妙之旅。

目录 Contents

第一章 **梦境心理测试**

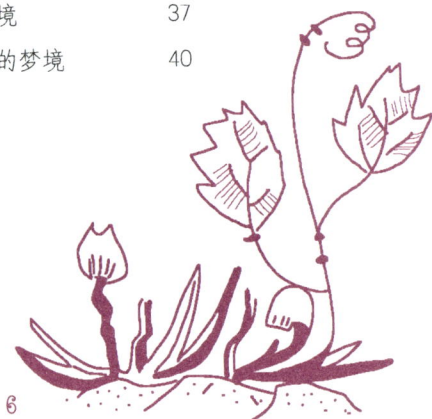

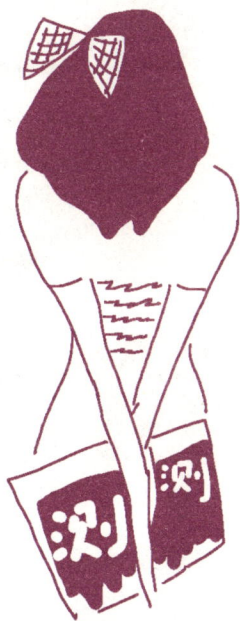

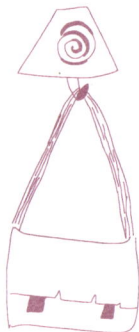

第一章

梦境心理测试

透露心理恐惧的梦境

那些泄露你内心恐惧的行为

梦见化妆

化妆，潜意识是想隐藏自己的真面目，表达了一种面对现实的恐惧感。如果是梦见在上司面前浓妆艳抹，说明自己有不想让上司知道的事情。如果是在恋人面前化妆，说明面对恋人，自己不够自信。

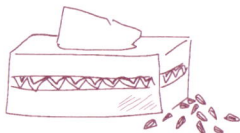

梦见谈话

梦中与人谈话，说明有无法理清头绪的麻烦事。那件麻烦事情，让自己害怕去面对。或者说，有某种自己无法做出抉择的事情等待自己。

梦见飞翔

梦见飞翔，是现在中自己受到束缚的反弹表现。表达了自己渴望摆脱的心情。如果一直飞，总无法着地，表达的就是对自身能力的一种不自信了，有一种对现状无法掌控的恐惧感。

梦见进入入口

梦到自己等待检票入场，表达了自己面对压力接近崩溃的恐惧感。如果是到了检票口却找不到车票，又隐含了对自己能力不足的担忧。

◎梦见出国旅行

梦见在国外旅游与外国人交流时突然听不见对方的说话，暗示对不可预知的未来有一种恐惧感，同时也表示对未知事件的憧憬。

那些泄露你内心恐惧的事物

◎梦见手套

手套象征着一种自我保护，梦见手套揭露了做过坏事后心里极度的不安，并想极力掩饰自己的心情，如果女性梦见自己用手套遮掩脸部，则表露了对怀孕的恐惧心理。

◎梦见门

如果男性梦见门或者窗户在梦中一直开着或者关着，并且心里感觉非常的不安，则暗示了对男女之间性关系存在着恐惧和不安。

那些泄露你内心恐惧的人或动物

◎ 梦见老虎

在梦中梦见自己被老虎追赶或者攻击，表明内心存在一种危机感和无形的压力，总感觉会发生不好的事情或者出现对自己工作、生活不利的局面。

◎ 梦见屠夫

梦见屠夫在宰牛、羊等牲畜，提示做梦者家里有人长期受病痛的困扰，同时揭露了做梦者对死亡和失败充满恐惧。

◎ 梦见老鼠

梦见老鼠暗示了做梦者内心充满了忧虑和恐惧，害怕自己会变得孤苦伶仃、一穷二白，没有安全感，感觉自己的生活受到各种威胁。

◎ 梦见头颅

梦见被砍头，砍下的头颅流着鲜血或者露出一副脸色泛青的死人面目，则表示做梦者对失去生命充满了恐惧。如果是男性梦见头颅，还有对阳痿充满恐惧的意思。

表达焦虑情绪的梦境

那些泄露你焦虑情绪的行为

◎ 梦到住酒店

梦到住酒店，表明目前对某件事物或某个人产生了兴趣，出于好奇想冒险尝试。如果住的是高级酒店，则表示这种好奇心和冒险心尤为急切。

◎ 梦见被雷击

在梦中梦见自己或者他人被雷电击中身亡，则暗示了你对即将发生的危险有一种提防心理，也表明了对危险的担心和焦虑。

◎ 梦到误车

梦见自己没赶上车，表示对能否把握时机没有足够的自信，或对眼前的某些事物感到非常焦虑。

◎ 梦到衣着不协调

梦到自己上衣与下装颜色不协调，表明心中充满对立和矛盾的情感；如果梦见自己穿着与所处的场合不协调，则表示心里焦虑不安，想掩饰真实的自己。

◎ 梦见掉头发

梦见头发逐渐的掉落，表明做梦者最近因为烦心事焦虑重重，而且这些烦恼会逐渐地增加。

◎ 梦见梳头

梦见梳理头发，表明做梦者心里比较烦乱、焦虑，烦心事很多；如果梦中能把头发梳理得很顺，则表明一切烦恼都会烟消云散，心情也会变好。

泄露焦虑情绪的自然现象或建筑物

◎ 梦见乌云密布

梦见天空乌云密布，白天如黑夜，一片暴风雨即将来临的景象，说明做梦者预感到自己在工作上将会遇到麻烦、人际关系遭受挫折，财产也将会遭遇损失，内心充满了焦虑；如果梦见有龙卷风，则预示了做梦者的生活将面临着重大的挫折。

◎ 梦到高墙

梦见高墙表示你有心结，或者正为某件事情纠结不定。有一种突围不出去的窘迫感。沿着墙边散步，那种纠结感更强烈。如果梦中出现努力在墙边寻找出口的情节，表示正设法清除心理障碍。

◎ 梦到污水

梦见污水，说明对自己曾经的所有所为深感懊恼。那种懊恼感，大到摧毁进行的信心。如果梦见用污水洗衣服，则代表你的矛盾心理，希望回到从前没有做错事的时候，但又有一种无力感。

◎ 梦见大海

梦见大海波涛汹涌、海浪翻卷，表明对某些事情十分的担忧，内心异常焦虑；如果梦见自己身处大海之中或者梦见海水污浊，表示目前生活面临困境或者危险，因此焦虑不堪。

◎ 梦见寺庙

梦见寺庙表明对自己目前所处的环境很不满意，并很想改变；而年轻女性梦见寺庙，表示最近遭遇了重大打击，心情极度低落，甚至产生遁入空门的念头。

◎梦见惊涛骇浪

梦中出现惊涛骇浪的景象，表明做梦者内心情绪起伏比较大，处于一个纠结矛盾的状态中。

那些泄露你焦虑情绪的日常物品

◎梦见戒指

戒指象征着一种承诺。在梦中梦到戒指，表示工作或生活的压力使你产生了焦虑的情绪，你需要家人或朋友给予必要的开导。

◎梦见文件、档案

在梦中如果出现一些文件、档案之类的物件，则透露了自己的纠结心理，担心自己的某个决定或者即将执行的某项任务会出现错误，因此焦虑不安。

◎梦见豆子

如果梦见自己在梦中储藏豆子，表示做梦者心里充满了焦虑情绪，在潜意识中对自己缺乏自信，害怕失败。

◎梦见鸟巢

梦见空的鸟巢，表示最近工作不太顺利，前途渺茫，因此情绪十分低落；梦见鸟巢里只有小鸟，没有母鸟，说明你孤单寂寞，心情焦虑；如果梦见伤或死了的鸟，则说明你心里有许多的烦恼，为此感到焦虑不安。

揭示心里秘密的梦境

透露你心里秘密的物品

◎梦见项链

梦见别人送给自己昂贵的项链，说明有许多异性追求自己，并且在生活中获得了很多赞美，体现自己的虚荣心得到了满足。

◎梦见墨水

梦见衣服被墨水染上了墨迹，则暗示着为了满足自己的虚荣心，往往会对他人做出一些不道德的事情，如果梦见墨水污染的是自己的衣物，则预示着自己在工作或学习中的竞争对手在名誉方面将受到诽谤。

◎梦见刀剑

刀剑属于武器类，是男性的象征。如果女性梦见刀、剑，则暗示着对男性的魅力及身体的能力的追求；如果梦见折断或者弯曲的刀、剑，则表明对自己性能力有所怀疑和担心。

◎ 梦见钮扣

梦见自己穿着有很多钮扣的衣服，或者捡到钮扣，则暗示自己有恋母情结，凡事都特别的依赖母亲。

◎ 梦见镜子

梦见照镜子或者通过水面看自己的影像，表示有自恋或同性恋的倾向，比较沉浸于肉体魅力。

◎ 梦见鞋

梦见穿鞋，表示做梦者对已婚的异性有好感，并试图想接近他（她）。如果梦见找鞋子穿，但是怎么都找不到合脚的鞋子，则表示做梦者对性爱已经产生了厌恶感；如果梦见

穿着拖鞋，表达的意思则相反。如果梦见穿红色的鞋子，则表示做梦者爱上了已婚人士，并且也获得了对方的爱慕。

透露你心里秘密的人

◎梦见妹妹

梦中出现妹妹，意味着心中有隐私。如果男性梦见妹妹，表明心里有一个小秘密，而且这个秘密一直萦绕在自己的脑海中，挥之不去。

◎ 梦见小姨子

梦中出现小姨子，则提示做梦者生活不检点，或者有不轨的行为。

◎ 梦见裸体

梦见自己裸体或者光着身子走在街上或其他公共场合，这表明了你非常希望在别人面前展示自己的魅力并得到赞赏。

透露你心里秘密的行为

◎ 梦见考试作弊

梦见自己在考试中作弊，揭示了做梦者内心深处存在着深深的自卑感，对自己缺乏信心。

暗示健康忧虑的梦境

与自然或建筑物有关的梦境

◎梦见发洪水

梦见发洪水，并且自己被洪水冲走，暗示着将出现身体上的疾病。

◎梦见年久失修的河

梦中出现一条河流，并且这条河流满是淤泥，常年无人清理，预示着将会出现肠胃方面的疾病。

◎梦见枯萎的草

在梦中梦见一片草地，但是草地上有一部分草已经枯萎，则提示近期身体不佳，容易生病。

◎梦见房屋

在梦中梦见房子，说明这是一个与身体状况相关的梦。如果梦见的是华丽的房子，表示做梦者健康状况良好；如果梦见的是破烂的房子，则表示身体状况差，有生病的可能。

◎梦见流星

梦中出现流星，预示着做梦者的健康状况不太好，会出现疾病，也预示担心会面临厄运。

与行为有关的梦境

◎梦见被人打

如果梦见被人殴打，而且梦醒后感觉梦中被打的部位疼痛，则预示着对应的脏器可能出现病变。

◎ 梦见制冰

梦见家里结冰或者自己在自制冰块或者冷饮，则暗示着近期身体不佳，有生病的征兆；如果梦见自己不停地喝冰水，则预示着自己的身体会出现问题。

与人或动物有关的梦境

◎ 梦见肠子

做梦梦见自己的肠子，则提示着身体已经开始亮红灯了，不管工作再忙，都迫切需要放慢脚步或者停下来好好休息，调整好自己的身体状况。

◎ 梦见已故的父亲

老年人梦见已经去世的父亲，预示着身体状况不佳，对自己健康状态充满担忧、对死亡充满恐惧。

◎ 梦见黄牛

梦见有黄牛从自己身边经过，则表示做梦者身体健康，即使偶尔生病也能很快地恢复；如果梦见一头瘦骨嶙峋的黄牛卧倒在自己的面前，则表示做梦者身体衰弱或者身患疾病，甚至卧床不起。

◎ 梦见苍蝇

梦中如果出现吃饭的时候苍蝇围着自己嗡嗡地飞，则意味着做梦者身体状况不太好，容易患上疾病，提示做梦者要注意健康。

◎ 梦见蝗虫

梦见一大群的蝗虫，意味着做梦者居住的地方将会出现传染病；如果梦中的蝗虫被消灭了，则表明将不会被传染；如果梦见乌鸦吃蝗虫，则意味着会得到朋友的帮助，因此可以有效地预防传染病。

有关学业前景的梦境

与自然有关的梦境

◎ 梦见阳光

梦见阳光透过窗户照进屋里，表明做梦者在学业上会有好的转机，会慢慢喜欢原来不喜欢的功课，对学校生活也会逐渐感兴趣。

◎ 梦见瀑布

梦见飞流直下的瀑布，预示着自己的愿望将得以实现，学业顺利，如果有考试，将会取得很好的成绩。

◎ 梦见闪电

学生梦见闪电，预示着会顺利地通过考试。

与学习书品有关的梦境

◎梦见字典

梦见字典，则说明做梦者在学习上缺乏灵活性，学习方法单一，思路不开阔，并且缺乏自己的见解，因此学习成绩难以提高。

◎梦见书本

已婚的男性梦见书本，预示他的儿子会成为一位知识渊博的学者；已婚的女性梦见书本，则预示着她的女儿会成为一个德才兼备的人。

与动植物有关的梦境

◎ 梦见仙鹤

如果考生梦见仙鹤，预示将会考上自己理想的学校。

◎ 梦见橄榄树

梦中出现橄榄树，象征着学业有成。如果学生梦见橄榄树，预示着做梦者学习勤奋刻苦，通过自己的努力会在学业上取得好成绩。

◎ 梦见小麦

学生梦见小麦，意味着在学业上会取得好成绩。

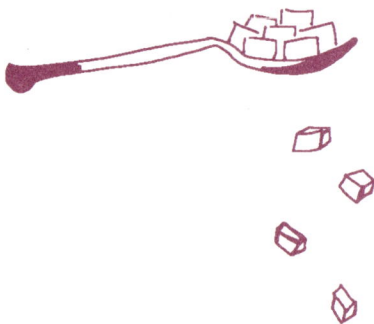

有关职业前景的梦境

与日常物件或行为有关的梦境

◎ 梦见壁纸

梦见自己或者别人贴壁纸，都表示自己的事业正处于一个蒸蒸日上的时期。如果贴的是白色的壁纸，则说明工作非常顺利；如果是绿色的壁纸，则预示工作上会有很好的业绩。

◎ 梦见垃圾

在梦中梦见垃圾，则表示工作、事业上会有许多麻烦，甚至会因为这些麻烦带来名誉或声誉上的损害。

◎ 梦见花草

在梦中，如果出现一片花繁叶茂、绿草成茵的景象，体现了做梦者最近工作顺利，心情愉悦；如果是商人梦见这番景象，则预示着生意兴隆，财源广进。但是，如果梦中出现的是鲜花凋零、草木枯萎的景象，则象征着工作、事业方面会受到一定的挫折。

◎ 梦见枪支

梦见自己用枪打死人，预示着工作中会遇到麻烦，可能会导致失业；如果梦中听到枪声，则预示着财产方面将会受到损失，如果是女性梦中听见枪声，则表示名誉受损。

◎ 梦见借钱

梦中梦见自己是老板，有自己的事业，但是到处奔波到各个银行去借钱，表示做梦者在现实生活中已经遇到了重大挫折，但是并不能及时的反省，就算最后会彻底的失败或者破产也仍然一意孤行。

◎ 梦见收拾屋子

梦见自己正在整理房间，把房间收拾得一尘不染，或者给房间摆置一些饰品装点房间，表明做梦者在事业上会取得丰硕的成果。如果是已婚女性梦见收拾屋子，表明做梦者的丈夫很能干，工作努力，事业成功，善于积累财富；也预示做梦者生活富足。

与动物有关的梦境

◎梦到老虎

在梦中梦见自己和老虎搏斗，把老虎打得落荒而逃或者把老虎打死，这说明做梦者工作非常努力，事业会获得成功。

◎ 梦见狐狸

梦见狐狸，说明从事的事业具有一定的冒险性；如果梦见狐狸鬼鬼祟祟地进到家里，则提示在工作、事业上要提防身边的朋友，小心上当；如果梦见把狐狸杀死了，则表明通过不懈的努力，事业终将取得成功。

◎ 梦见牛

在梦里如果梦见一群非常瘦弱的牛，则表示做梦者工作不努力，前途渺茫；如果梦见身处奶牛群中，而且在给奶牛挤奶，则表示做梦者平时工作努力，会得到不少的收获；如果梦见白色的牛，预示着工作事业将获得成功。

◎ 梦见骆驼

梦见骆驼，则表示事业将受到客观环境的影响，面临着严峻的考验和重大的挑战。

◎ 梦见老鹰

梦见老鹰，表示工作中会有小人出现，并且随时会危及自己的权益，因此要小心提防；梦见赶跑或者杀死老鹰，说明自己的事业会获得成功；如果商人梦见老鹰在空中飞翔，则意味着生意兴隆；如果梦见老鹰飞翔到高处后停下来歇息，这预示着事业上将名利双收。

◎梦见钓鱼或捕鱼

梦见用鱼竿钓到大鱼，则表示事业将取得成功；如果鱼脱钩逃跑了，则说明事业将面临重大挫折。在梦中梦见用渔网捕鱼，如果渔网是空的，则表示事业受到挫折；如果捕到一网的鱼，则表示事业有成；如果捕鱼过程中渔网破了，则预示着事业面临着失败。

与人和人体有关的梦境

◎ 梦见脚

梦见自己的脚，预示着在工作、事业中，如果与对人竞争，很容易被对手击败；如果梦见脚红肿，则预示事业上会受到挫折。

◎梦见手

梦见自己的手又长又结实，预示着做梦者的事业会取得成功；如果梦见自己的手比原来更有血色，更红了，则说明做梦者会有升官的机会。

◎梦见男孩

梦见男孩，表明事业上会有重大发展，如果是商人梦见男孩，则表明生意兴隆；男性梦见自己的妻子生男孩，则在经济上会有所收获。

◎梦见飞行员

梦见飞行员或者梦见自己成为飞行员，预示着做梦者的事业会蒸蒸日上，飞黄腾达。

◎梦见会计

梦见自己是会计，表明做梦者商务上会取得成功；如果梦见自己所做的账目收支平衡，则预示着近期会做成一笔大生意；如果梦见获得利润，则表示做梦者会在商务活动中取得效益。

有关爱情关系的梦境

与动物有关的梦境

◎梦见鹿

如果正在恋爱中的人梦见鹿，则说明做梦者目前与恋人的关系处于一个稳定的阶段，也预示着爱情的美满、坚贞。

◎梦见金丝鸟

梦中梦见自己把金丝鸟送给别人，表示做梦者的恋人已经移情别恋，另有新欢，恋爱关系出现危机。

◎梦见鹅

梦见鹅，表示做梦者正处于热恋中，恋爱关系稳定；如果梦见鹅生病，耷拉着脑袋，表示做梦者在爱情上遇到了挫折，心情非常低落。

◎梦见猫

梦境中如果出现猫，意味着做梦者的家庭生活会遭人破坏，夫妻关系受到威胁；如果是未婚女性梦见猫，则表示在她的感情生活中存在着一个情敌，一直在寻找机会破坏她与男朋友的关系，并且想方设法地夺人所爱。

与人、植物相关的梦境

◎梦见嘴唇

梦见丰满甜美的嘴唇，表示热恋中的两个人关系非常和谐，彼此能忠诚、体贴地对待，而且能相互理解。

◎梦见皮肤

梦见皮肤上有斑点，表明做梦者目前的感情生活不是很如意，但是最终的结果还是完满的。

◎梦见护士

如果未婚的人梦见护士，预示着爱情甜蜜；如果已婚人士梦见护士，表明婚姻幸福美满。

◎梦见芝麻

未婚人士梦见芝麻，预示着会拥有甜蜜的恋情。

◎梦见扁豆

如果未婚的男女梦见扁豆，表明做梦者对自己的恋情并不是十分的满意。

与行为相关的梦境

◎梦见度蜜月

梦见和恋人度蜜月，表明做梦者的感情生活非常幸福，也预示着做梦者和恋人在不久的将来会结婚。

◎梦见和爱人吵架

梦见和自己的爱人吵架，说明做梦者夫妻双方都深爱着对方，也预示着做梦者和爱人的感情会越来越深，关系会越来越好。

◎ 梦见求婚

如果男性梦见向自己心仪的女性求婚，表明做梦者深深爱着这位女性，但是不知道怎么才能打动她的芳心；如果是女性梦见男友向自己求婚，表明做梦者非常钟情于自己的男友，但是一直琢磨不透男友的想法，因此忐忑不安。

◎ 梦见亲吻

梦见与自己的恋人亲吻，意味着对目前两人的状态很满足，心里充满了幸福感，表明了爱情进展得很顺利，并且很快会走向婚姻的殿堂。

◎ 梦见手帕

未婚的男性和女性梦见别人给自己送手帕，预示着将会很快找到称心如意的对象；如果梦见自己的床上有别人的手帕，表示自己的爱人将会不爱自己，会另寻新欢；如果梦见到处在找手帕，则预示着与恋人的感情将会以失败而告终。

有关同事关系的梦境

与动物有关的梦境

◎ **梦见鲨鱼**

梦见鲨鱼意味着有不祥的事情发生，工作中的同事，事业上合作的伙伴有可能会欺骗自己，或者会想方设法地在工作上阻碍自己，或者损害自己的利益；如果梦见自己莫名其妙地站立在鲨鱼背上，则暗示着工作中会惹上一些麻烦事。

◎ **梦见乌鸦**

在梦中梦见乌鸦悲惨地鸣叫，象征着做梦者在工作中与同事会有不愉快的事情发生，人际关系不是很好；同时，受同事的不利影响，财产方面会受到一定的损失。

◎ **梦见狼**

梦见狼，表示工作进行得不是很顺利，总会有倒霉的事情发生。如果梦见被狼攻击则表示工作中会出现小人，经常会搬弄是非，破坏你的名誉。

与身体部位有关的梦境

◎梦见后背

梦见在梦中你身边的人中有人用背部对着你，则暗示着在工作中，有同事嫉妒你，并因此给你造成不小的麻烦。

◎梦见脸颊

梦见自己的两边脸颊不对称，一边大一边小，表明你的同事当中，有一部分人对你言行一致的，有一部分人则是心口不一，一直与你明争暗斗。

◎ 梦见辫子

梦见别人的辫子，表明与周围的同事关系有点紧张；梦见自己有辫子，则要警惕身边的小人，他们会向领导打你的小报告。

与人有关的梦境

◎ 梦见牙医

梦见牙医在给自己治牙，暗示做梦者工作上有业务联系的朋友并不是那么的可靠，应该警惕这些人，可谓防人之心不可无，以免造成工作上的损失。

暗示家庭关系的梦境

与人、动物或自然有关的梦

◎梦见被奶牛追赶

在梦中梦见被奶牛追赶，意味着做梦者有不正当的男女关系，并因此影响了生活；如果是女性梦见被奶牛追赶，则意味着婚姻生活不幸福，在外面与别的男人偷情，对丈夫冷淡。

◎梦见鸽子

鸽子象征着和平、安定，梦见鸽子说明做梦者家庭和睦，生活稳定，夫妻关系和谐。

◎梦见姨妈

在梦中梦见自己的姨妈，如果姨妈心情愉快，则表示做梦者和自己的丈夫关系良好；如果梦见姨妈指责自己，则表示自己和丈夫的关系不和谐，婚姻关系不稳定。

◎梦见日食或月食

梦见日食或者月食，暗示着有不祥的事情发生，预示着在家庭生活中做梦者的家庭关系出现危机，家庭生活受到挫折，夫妻关系不和谐。

与日常用品有关的梦

◎梦见床单

梦中出现床单，而且是肮脏的、零乱的，则表示夫妻关系不好。

◎梦见书架

在梦中，梦见书架上摆满了书，旁边还有很多书籍放不进去了，这表示在家庭关系中，丈夫对妻子抱有不满；如果梦见书架上稀稀拉拉的只有几本书，则表示妻子对丈夫抱有不满情绪。

◎梦见家具

如果女性梦见自己在梦中变卖自己家的家具，则意味着做梦者对目前的生活状况很不满意，夫妻感情不和谐，家庭生活不美满。

◎梦见瓷器

梦中出现瓷器，表明做梦者与爱人关系融洽，甜甜蜜蜜，家庭幸福美满。

◎梦见风筝

如果女性梦见自己放风筝，则预示着家庭会遭遇不幸，提示做梦者对自己的家人照顾不周，应该多把心思放在关照家庭上。

与行为有关的梦

◎ 梦见划船

如果女性梦见在河面上悠闲地划船，而且河水清澈照人，则说明做梦者生活美满，丈夫体贴。

◎ 梦见离婚

梦见离婚，在现实中的含义是相反的，表明爱人忠诚、可靠；预示着做梦者的婚姻稳定，家庭生活幸福。

◎ 梦见参加宴席

梦见去参加宴席，而且宴席的场面隆重而丰盛，表示做梦者家庭幸福和睦，生活富足安逸，而且日子会越过越好。

◎ 梦见美容

梦见到美容院去美容，预示着生活幸福美满。如果是未婚的女性梦见美容，表明做梦者是一个很有魅力的人，会遇到一个如意郎君；如果是已婚的女性梦见美容，则表明做梦者是一个热爱生活的人，家庭婚姻生活幸福美满。

◎ 梦见做饭

如果男性梦见做饭，说明做梦者是一个很有责任心的人，预示着家庭关系良好，生活顺利如意；如果女性梦见做饭，表明做梦者是一个热爱家庭的人，也预示着家庭生活幸福美满。

那些给你带来好运的梦

与行为有关的梦

◎梦见还债

梦见你向别人还债，这是一个很好的梦，预示着做梦者最近会交好运。但是如果梦见的是别人还你的债，含义则是相反的，表明做梦者不但不会得到钱，还会受到一点损失。

◎梦见照镜子

梦见照镜子，而且镜子里的影像很清晰、很正常，表示做梦者将会收到远方带来的一份好消息，并且这份好消息会带来一份惊喜。

◎梦见踢足球

梦见自己在踢足球，预示着做梦者会得到一笔意外的财富。

◎ 梦见吃草莓

梦境中出现草莓预示着会有好运。未婚人士梦见吃草莓，预示着不久就会结婚；已婚人士梦见吃草莓，表明婚姻美满，家庭幸福；商人梦见吃草莓，则意味着以后会开很多分店。

与物品有关的梦

◎ 梦见被子

梦见被子，是交好运的征兆。未婚男女梦见被子，预示着会找到满意的伴侣；已婚的女性梦见被子，表明丈夫会越来越能积累财富；梦见买被子，预示着即将步入婚姻殿堂；梦见卖被子，预示着将会有调动工作的机会；梦见拆被子，预示着步步高升。

◎ 梦见扫帚

梦见出现一把新的扫帚，表示做梦者将会有好的运气；如果梦见自己把旧的扫帚扔掉或者销毁，表示做梦者将会通过朋友的帮忙获得一笔额外的收入；如果梦见自己用扫帚打人，预示着生活会有新的变化；如果梦见被别人用扫帚打，则预示着在工作中将会获得晋升的机会。

◎ 梦见雕塑

在梦中梦见自己的雕像，预示着自己的事业会有新的发展，会得到晋升的机会；如果女性梦见雕像，表示她的丈夫将会很有名气；如果男性梦见雕像，意味着他将会收到一个好消息。

◎ 梦见扇子

梦见扇子，表明做梦者将会遇到贵人，通过这位贵人的帮助能顺利地摆脱困境；如果梦中出现女人手里拿着扇子的情境，预示着商人在生意上会得到朋友的帮助，生意兴旺发达。

与人或动物有关的梦境

◎ 梦见裁缝

如果女性梦见裁缝，表示最近会喜事临门；如果男性梦见裁缝，预示着做梦者通过努力工作，最终会积累不少财富。

◎ 梦见蜜蜂

梦见蜜蜂采蜜，预示着做梦者近期会交上好运，并会获得大家的赞誉。

◎梦见鸭子

梦见鸭子，表明会有好运。梦见鸭子叫，预示着家里会来贵人，并且他会为自己的事业带来转机；梦见鸭子在水里游，则表示工作顺利、生意兴隆、家庭幸福。

◎梦见兔子

梦见活蹦乱跳的兔子，预示着做梦者会交好运，做什么事情都顺心；如果梦见自己怀里抱着小兔子，意味着做梦者的经济条件会越来越好。

◎ 梦见鸵鸟

梦中出现鸵鸟，表示做梦者会功成名就。如果梦见被鸵鸟追赶或者被鸵鸟踢，表示做梦者一定会有好运气。

◎ 梦见孔雀

未婚的男子梦见孔雀开屏，预示着他会很快找到女朋友；已婚的女性梦见孔雀开屏，预示着她很快会怀孕，并会生一个健硕的男婴；商人梦见孔雀开屏，表明他在生意上回获得很大的利润；如果梦见孔雀走进自己的巢，表明做梦者会交上好运。

第二章

个性心理测试

你在人群中受欢迎吗

你是否有异性缘

1. **你旅行时，最想去哪个地方?**

   A.北京·······················请移至问题 2

   B.首尔·······················请移至问题 3

   C.伦敦·······················请移至问题 4

2. **你是否曾在观看悲剧电影时哭成泪人?**

   A.是·························请移至问题 4

   B.否·························请移至问题 3

3. **如果你的恋人约会时迟到一个小时，你会如何?**

   A.再等30分钟···············请移至问题 4

   B.立刻离开···················请移至问题 5

   C.一直等待他（她）的出现·········请移至问题 6

4. **你喜欢自己一个人去逛街吗?**

   A.是·························请移至问题 5

   B.不·························请移至问题 6

5. **当恋人在第一次约会时就要求要吻你，你会如何?**

    A.拒绝·················· 请移至问题 6

    B.轻吻他（她）的额头·············· 请移至问题 7

    C.接受并吻他（她）·········· 请移至问题 8

6. **你是个有幽默感的人吗?**

    A.我想是吧·············· 请移至问题 7

    B.大概不是·············· 请移至问题 8

7. **你认为你是个称职的上司吗?**

    A.是·················· 请移至问题 9

    B.不·················· 请移至问题 10

8. 下辈子你希望自己的性别是?

    A.男性……………………… 请移至问题 9

    B.女性……………………… 请移至问题 10

    C.无所谓…………………… 请移至答案 D

9. 你曾经劈过腿吗?

    A.是………………………… 请移至答案 B

    B.不………………………… 请移至答案 A

10. 你认为你够聪明吗?

    A.是………………………… 请移至答案 B

    B.不………………………… 请移至答案 C

测试结果分析：

答案A——太棒了！你超级有人缘。特别在异性的眼中，你更是有一种莫名的魅力。你美丽大方，谈吐幽默，很有气质，气场很大。你对时间也调度得当，总之，你很受人欢迎，特别是受异性欢迎哦！

答案B——很不错！你很轻易就能获得异性的欢心。你的幽默感使得人们乐于与你相处，他（她）与你一起时非常快乐！

答案C——还行吧。你魅力一般，不是太能吸引异性，但你不至于一无是处，还是有一些优点的，还是有异性喜欢你。你并不是随波逐流，对一些事情有自己的见解和主张，最重要的是，你待人比较和善。

答案D——有点杯具（悲剧）哦！你的交际能力比较弱，很难吸引到异性。你要增加自己的学识，也要多培养自己的交际能力，这样才能变成一个受欢迎的人。

你受同事欢迎吗

一个年轻人走在一个老人的前面，手里托着一个盘子，你认为盘子里装的是什么？

A.一把蔬菜　　　　　　　B.一头烤乳猪

C.几朵花　　　　　　　　D.几个桃子

测试结果分析：

选择A，你安于现状，心地善良，忠厚老实，富有爱心，是一个很受同事欢迎的人。

选择B，在生活中，你虽然能体会到生活的乐趣，但同时也会考虑现实生活的残酷，因此，你做任何事情都会比较谨慎，如果不是这样，一旦做错了事情，你便会破罐子破摔。

选择C，你是个个性独立坚强，性格爽快的人，你不太关心别的事情，只做自己想做的事情。

选择D，你比较讨老年人喜欢。你个性开朗，知识渊博，想法周密，而且富有幽默感、现代感，尤其受女性的喜爱。

🍄 你是否有好人缘

1. **你和朋友们在一起玩得很开心，你觉得是什么原因？**

   A.你觉得他们很有意思，很爱玩也很会玩

   B.朋友们都很喜欢你

   C.为了不扫兴，你觉得自己必须表现得很开心

2. **如果你在休假，以下行为哪个比较符合你？**

   A.很快又交上新朋友

   B.比较喜欢自己一个人待着消磨时间

   C.想去交新朋友，但是又觉得这不是那么容易的事情

3. **你和一个朋友约好了要见面，但是你又感到很累，你会怎么做？**

   A.你没去赴约，但希望得到朋友的谅解

   B.如期赴约，并且尽力掩饰疲倦，让自己过得很愉快

   C.如期赴约，但是和朋友说想早点回家，并希望得到朋友的体谅

4. **你和朋友之间的关系一般能维持多久？**

　　A.很多年

　　B.有共同兴趣的时候，可以维持几年

　　C.时间很短，有时候是因为不在同一个地方后关系就慢

　　慢淡了

5. **你的一个朋友向你透露了他的一个八卦，你会：**

　　A.尽力保守秘密，不告诉任何人

　　B.没想过要告诉别人

　　C.等朋友离开后，马上告诉别人

6. **当你遇到困难的时候，你会：**

　　A.觉得自己完全有能力渡过难关，不用依靠朋友

　　B.马上向朋友求助

　　C.等到实在是解决不了的时候，才会找朋友帮忙

7. **当你的朋友有困难时，他们会：**

　　A.马上找你帮忙

　　B.只有那些和你关系很密切的朋友才会找你帮忙

　　C.一般情况下他们不会找你

8. **你怎么交朋友的？**

　　A.通过朋友介绍他的朋友

　　B.在任何场合都可以很快交到朋友

C.经过长时间的观察、考虑，甚至是一起经历某种困难
之后才能成为朋友

9. 你认为具有什么样的品质才能成为你的朋友?

A.具有使你快乐和幸福的能力

B.为人可靠、值得信赖

C.对你感兴趣

10. 下面哪一种接近你的实际情况?

A.你通常会让你的朋友们开怀大笑

B.你通常会让你的朋友们陷入思考

C.只要你在场，你的朋友们会感到很舒服，很开心

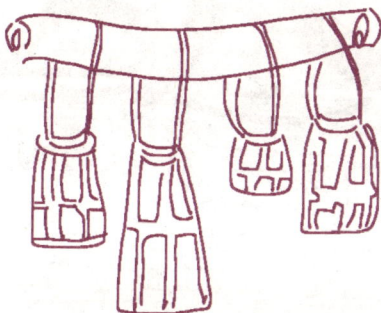

11. **假如你被邀请参加一次活动，或者在聚会上唱歌，你会：**

   A.找借口不去

   B.很高兴地去参加

   C.直接拒绝

12. **下面的描述哪一个最符合你的表现？**

   A.你喜欢称赞你的朋友

   B.你认为诚实是最重要的，所以你的观点经常与朋友们不一样，你不喜欢随大流

   C.你不喜欢奉承朋友，但是也不会批评朋友

13. 你觉得下面哪一项最符合你?

A.你只和那些和你分担忧愁的朋友相处得很好

B.你几乎和所有的人都相处得很融洽

C.对你漠不关心的人你都能相处的不错

14. 假如朋友和你恶作剧，你会:

A.跟他们一起大笑

B.心里很生气，但是不表现出来

C.看心情而定，也许高兴，也许生气

15. 如果有朋友想依赖你，你会:

A.你比较独立，希望能和朋友保持一定的距离

B.感到很高兴，因为朋友认为自己是一个可靠的人

C.比较谨慎，会尽力避免一些不必要的麻烦

评分标准

1. A:3分　　　　B:2分　　　　C:1分

2. A: 3分　　　　B:2分　　　　C:1分

3. A: 1分　　　　B:3分　　　　C:2分

4. A:3分　　　　B:2分　　　　C:1分

5. A:2分　　　　B:3分　　　　C:1分

6. A: 1分　　　　B:2分　　　　C:3分

7. A:3分　　　　B:2分　　　　C:1分

8. A: 2分 　　　　B:3分 　　　　C:1分

9. A: 3分 　　　　B:2分 　　　　C:1分

10. A: 2分 　　　　B:1分 　　　　C:3分

11. A: 2分 　　　　B:3分 　　　　C:1分

12. A: 3分 　　　　B:1分 　　　　C:2分

13. A: 1分 　　　　B:3分 　　　　C:2分

14. A: 3分 　　　　B:1分 　　　　C:2分

15. A: 2分 　　　　B:3分 　　　　C:1分

测试结果分析

36~45分：你对朋友都很好，你们相处得很不错。你很乐观，你的生活丰富多彩而且很充实。你在朋友当中有一定的威信，朋友们都很信任你。总的来说，你的人缘非常好，大家都愿意和你交朋友。

26~35分：你和朋友之间的关系不是很稳定，时好时坏。你的人缘不是很好，你也想多交一些朋友，并想方设法地让大家喜欢你，但是很多时候你并不是那么地讨人喜欢，大家和你在一起并不觉得很愉快。所以，你要虚心听取别人的意见，真诚地对待朋友，学会正确的待人接物的方法，这样你才能交到朋友。

15~25分：你性情比较孤僻，喜欢独来独往，你对于社交活动不是很感兴趣。但是，这并不意味着你人缘差，交不到朋友。只要你走出自己的生活，多和人交往、沟通，你的人际关系将会得到改善。

你有抑郁的倾向吗

你有抑郁症状吗

请凭第一反应回答下列问题，同意请回答"是"，不同意请回答"否"：

1. 你对什么事情都不感兴趣?。

2. 你经常会生气，而且情绪容易激动。

3. 你经常会无缘无故地觉得很疲惫。

4. 你很容易哭。

5. 你觉得自己是个失败者，一事无成。

6. 你觉得自己不能集中精力。

7. 你经常会因为一点小事而烦恼。

8. 你感到很孤单。

9. 你总觉得自己什么都不好，没有自信。

10. 你不想吃东西，感觉吃什么都没有味道。

11. 你不想说话，就算是很亲近的人你也懒得和他们说话。

12. 你觉得你没有办法继续你的学习和工作。

13. 就算有朋友和家人为你开导，你还是无法摆脱心中的苦恼。

14. 你感觉做什么事情都很困难。

15. 你经常感觉害怕。

16. 你总觉得自己在这世上没有什么价值。

17. 你觉得身边的人对你都不是很友好。

18. 你感到很苦闷。

19. 你觉得你的前途渺茫。

20. 你觉得自己精神不能集中，行动变得迟缓。

21. 你觉得自己上当受骗了，总觉得有人想抓你。

22. 你感觉活着没有死了好。

23.你感觉很压抑。

24.你觉得自己的话语越来越少。

25.你觉得干什么都高兴不起来，不想看电视，不想读报或者其他书籍。

26.你经常会责怪自己。

27.你经常失眠，或者很早就会醒。

28.你早晨或者上午感觉心情很糟糕。

29.这段时间你一直处于愤怒和不满的状态。

30.你认为如果自己死了，别人会过得更好。

计分标准：回答"是"得1分，回答"否"得0分

测试结果分析：

0~4分：你的心理基本正常，没有抑郁症状。

5~10分：你有轻微的抑郁症状，你应该保持乐观的态度，通过自我心理调节缓解这种症状。

11~20分：你有中度的抑郁症状，你需要找医生咨询一下，有必要的时候需要接受治疗。

21~30分：你已经是重度抑郁了，精神状态非常的不好你应该尽早找心理医生治疗，你自己也应该在精神上自我调节，尽量让自己开朗一些，让自己从压抑的情绪中解脱出来。

♣ 你经常情绪高度紧张吗

请回答下列问题，符合你的情况回答"是"，不符合回答"否"

1. 你是否经常感到头昏脑胀，喘不上气?

2. 你是否什么书都看不进去，就算是杂志?

3. 你是否急脾气，个性倔，还不合群?

4. 待在家里听到楼上发出噪音你是否很烦躁?

5. 遇到突发事情是否手足无措，焦虑不安?

6. 一想到过去是否觉得很愧疚?

7. 你是否会固执地去做一些明知道自己办不到的事情，过后又会后悔?

8. 你是否经常和同事、家人、朋友甚至陌生人吵架?

9. 你说话做事是不是表现得很急躁?

10. 你是否一有空就打麻将消磨时间?

11. 你的肠胃是不是不好,经常拉肚子?

12. 你是否容易做噩梦,一到晚上就疲惫不堪,心情烦躁?

13. 如果你的周围环境很繁杂,你是否也会心烦意乱?

14. 你是否一喝酒就喝多了?

15. 就算做一些比较轻松的工作,你也觉得很累,是吗?

16. 每天出门上班,有觉得很累,有气无力的?

17. 看到周围的人取得成功，是否经常会妒忌，甚至记恨？

18. 有人说了你不高兴的话，你是否会当着众人的面大发雷霆？

19. 你是否经常没有原因的烦躁，坐立不安？

20. 你是否经常失眠，入睡之前喜欢想很多事情？

21. 你是否遇到不顺心的事情，就会一个人不说话，不停地抽烟？

22. 你是否一起床就觉得很疲惫，头昏脑胀，浑身没力气？

23. 你是否遇到一点小事都会整天想着，很难摆脱？

24. 你是否一运动就会心跳加速，胸闷气短？

25. 你是否经常没有食欲，吃什么都没有味道？

26. 你是否走到哪儿都觉得不顺心？

27. 处理事情的时候你是否经常以自我为中心，情绪暴躁？

28. 你是否经常想到某件东西，因为得不到满足而感到难受？

29. 身边的家人朋友生病，你经常很关心，并且经常担心自己也会生同样的病？

测试结果分析

25个"是"以上：你精神高度紧张，脑子里总是紧绷着一根弦，做什么事情都紧张兮兮的，如果不及时调整心态，很容易走向抑郁。

20~24个"是"：你属于中度紧张，应该学会适当的放松心情。

10~19个"是"：你属于轻度紧张，多想想开心的事情，很快可以把自己调整到正常的情绪上。

9个"是"以下：你精神紧张状态属于正常范围。

❀ 你的心理有问题吗

1. 你经常做噩梦吗？

2. 你手心经常会因为害怕而出汗吗？

3. 遇到不顺心的事你会生气吗？

4. 你经常会和别人闹别扭吗？

5. 你是否会因为即将到来的考试而紧张？

6. 遇到挫折你是否会长时间不高兴？

7. 你是否经常流泪？

8. 见到陌生人你是否很紧张？

9. 你是否总是一筹莫展的?

10. 你是否有厌世心理?

11. 遇到困难你是否会灰心丧气?

12. 领导交给你的任务，你是否会出错?

13. 你是否总是想找人聊天?

14. 你是否不知道怎么和陌生人交流?

15. 你是否经常会在脑子里想一些可怕的场景?

16. 你夜里会盗汗吗?

17. 你是否会被一些响声吓到跳起来?

18. 你做事情急躁吗?

19. 你会不会大发雷霆?

20. 你会不会因为一点小事而生气?

21. 你是否有时候会无法控制地颤抖?

22. 你是否从来不喜欢听别人的意见或建议?

23. 你对你的亲人和朋友是不是很苛刻?

24. 你平时对人是不是很冲动?

25. 你是否经常很敏感?

26. 你是不是很挑剔?

27. 你是不是听不进别人对你的批评?

28. 你是否曾经觉得生不如死?

29. 你是否有点木讷?

30. 你是否经常犹豫不决?

31. 去别人家做客，你是否很紧张?

32. 你是否总是希望有人陪着身边?

33. 你是否会突然想念一些不是很熟悉的朋友?

34. 情绪不好或者紧张时你是否没有办法去思考问题?

35. 陌生人的出现是否会影响你的工作进度?

36. 你是否经常感到孤独?

37. 遇到问题的时候你是不是经常不知道怎么办?

38. 你做事情是否拖拖拉拉?

39. 你是否被别人认为有点神经质?

40. 你是否会因为别人的指责而心慌?

41. 你是否曾经去过精神病医院治疗?

42. 你的亲人中是否有人有厌世情绪?

43. 你的亲人中是否有人患有精神病?

44. 你的亲人中是否有特别敏感的人?

45. 你的亲人中是否有人接受过精神病医院的治疗?

46. 你是否被诊断有神经官能症?

47. 你是否容易精神紧张?

48. 你是否很没有耐心?

49.你是否会因为紧张而做错事?

50.睡觉中你是否经常会听到响声?

计分方法:

回答"是"得1分，回答"否"得0分

测试结果分析:

15分以下：你的精神状态很好，没有心理问题。

16~35分：你的心理有一些问题，精神状态不是很好，及时的调整会有好转。

36~50分：你的精神状态很不好，有严重的心理问题，需要去看看心理医生，否则有可能患上抑郁症。

你容易自卑吗

你会自卑吗

1. 你对自己的长相是不是不满意?

2. 你是否觉得十年后自己生活的不会比别人好?

3. 你在做错事情之后，是不是不能很快地忘掉?

4. 和别人交谈的过程中，你不会经常打断对方说话。

5. 你对你的未来没有信心是吗?

6. 在和朋友们聊天过程中，你一般不会主动发表自己的看法是吗?

7. 就算是自己不喜欢做的事情，你也不会有什么理由拒绝是吗?

8. 你遇到困难时，是否经常采取逃避的态度?

9. 你是否经常破罐子破摔，自甘落后?

10. 就算和对方有不同的意见，你也不会提出来是吗?

11. 你是不是不喜欢照镜子?

12. 你是不是经常被别人挖苦?

13. 你是否觉得自己是一个失败者?

14. 上学时, 你的学习成绩是不是很差?

15. 你是否经常在心里为自己祈祷?

16. 你是否不太讨同事朋友的喜欢?

17. 你是不是觉得自己的身材不够好?

18. 和朋友们在一起聊天的时候, 你是不是经常插不上话?

19. 你是不是不喜欢照相?

20. 你是否觉得自己让父母失望了?

21. 你是否觉得现在自己过得没有别人好?

22. 你是否从来不会主动向别人发出挑战?

23.和别人闹矛盾的时候，你是不是经常先责备自己？

25.你是不是经常想起自己过去一些不好的行为？

26.你是不是不太喜欢自己的性格？

27.如果你的观点被别人反驳时，你是否会怀疑自己的观点？

28.在做某件事情之前，你是否经常缺乏信心？

29.你是否觉得自己很难在工作中得到奖励？

计分标准：

回答"是"得1分，回答"否"得0分

测试结果分析：

0~5分：你对自己充满了信心，没有丝毫的自卑感。

6~10分：一般情况下你是自信的，谈不上有自卑感。但是一旦遇到一个新的环境，你不能很快地适应，有时候就会开始怀疑自己的能力。

11~20分：你很容易自卑。只要遇到困难，就会退缩，觉得自己能力不行。所以，你应该调整一下自己的心态，不要对自己提出太高的要求和期望，要根据自己的能力一步步地去实现自己的目标。

你的自卑感是怎么产生的

1. **你曾经被朋友们起过外号吗?**

   A.他们经常给我起外号

   B.从来没有过

   C.偶尔会有人给我起外号

2. **体育运动后,你是否经常觉得自己能力不行?**

   A.经常觉得

   B.从来没有

   C.偶尔会

3. **你觉得你和周围的人相比,你的个子算高的吗?**

   A.不,我觉得我的个子很矮

   B.我和他们差不多吧

   C.我觉得我比他们都高

4. **你是否觉得自己在某件事情或某个方面做得比别人都要好?**

   A.曾经有一两件事情

   B.没有过

   C.我觉得我一直都比别人好,我很自信

5. **期末考试的成绩出来了，考试的卷子已经发到手中，这时，你的朋友想看看你的卷子，你会怎么做?**

A.让他们看，但是自己拿着，并且把分数遮住

B.很大方的递给他们，让他们自己看

C.把卷子藏起来，不让他们看

6. **如果有下辈子，你想做什么?**

A.做男人，做女人太累

B.想做女人

C.男女都可以，随天意

7. **当你看着镜子里的你的时候，你心里最先想的什么?**

A. 希望自己能再漂亮一点

B. 要好好地打扮一下

C. 无所谓，什么也没想

8. **你认为你是一个受欢迎和爱戴的人吗?**

A. 是的

B. 不是

C. 不太清楚

9. **你是否想过若干年后，会发生一些对自己不利的事情?**

A. 经常想

B. 没想过，该怎么过怎么过

C. 偶尔会想想

10. 你觉得你最近拍的照片怎么样?

A. 不好看

B. 拍的很好

C. 一般，还可以吧

11. 如果你的异性朋友说你很没有意思或者很笨，你会怎么做?

A. 回敬他(她)，以牙还牙

B. 心里感觉很难受

C. 无所谓，不搭理他(她)

12. 如果你身边的朋友在说你喜欢的一位异性的坏话，你会有什么反应?

　　A. 当场反驳他们，告诉他们那不是真的

　　B. 怀疑他们说的是不是真的

　　C. 无所谓

13. 当你遇到烦心事的时候，你是怎么做的?

　　A.借酒消愁

　　B.向家人或者朋友倾诉

　　C.憋在心里

14. 不管你怎么努力，但是你的工作成绩总是没有同事的好，你会:

　　A.心里很不服气，继续努力

　　B. 觉得自己的能力就是没有同事的能力强

　　C. 想办法从别的方面超过他

15. **你正在谈恋爱，但是这时你发现有一个同性正在追求你**
的另一半，而且这位同性比你长相出众，你会怎么办？

A. 很沮丧，觉得自己的另一半有可能会离自己而去

B. 向他(她)挑战，看谁最后胜利

C. 无所谓，继续谈我的恋爱

计分标准：

1. A.5	B.1	C.3
2. A.5	B.1	C.3
3. A.5	B.3	C.1
4. A.3	B.5	C.1
5. A.3	B.1	C.5
6. A.5	B.1	C.3
7. A.5	B.3	C.1
8. A.1	B.5	C.3
9. A.5	B.1	C.3
10. A.5	B.1	C.3
11. A.3	B.1	C.1
12. A.1	B.5	C.3
13. A.5	B.1	C.3
14. A.3	B.5	C.1
15. A.5	B.3	C.1

测试结果分析：

15~29分：你的自卑感来自于外界环境变化。你对自己的能力和外貌都非常的有自信，你很少会感到自卑，在平时的生活中，你总是能保持一份良好的心态和快乐的心情。如果说你会感到一点自卑，那一定是你所处的环境发生了变化，而且这个环境对你还说有不少的压力，譬如你身边的人确实比你优秀很多，家庭背景也比你好很多，这个时候，你会产生自卑感。

30~44分：你的自卑来自于你的虚荣心。你喜欢和周围的人攀比，你想出人头地，因此，你不满足你现状，你喜欢幻想，你的理想通常都无法实现，因为那都是一些不切实际的想法，所以你更容易产生自卑。

45~60分：你的自卑感主要来自于对自己和对别人没有充分的了解。当你在做某件事情之前，你经常对自己没有信心，你总认为自己没有这个能力，觉得自己在很多方面都不如别人。可每当在你了解了别人的能力之后才知道，其实你也很棒，你完全有能力做好这些事情。

61~75分：你的自卑感来自于你消极的人生态度和你懦弱的性格。你对自己的能力和外貌都缺乏信心，你总会认为自己什么都不行，不管做什么都会做不好，你看事情只会看到不好的一面，你的人生态度是消极的，因此，不管是学习、工作、人际交往，都会让你觉得是很困难的事情。

▲ 你对自己有信心吗

1. 你觉得你会搭配衣服吗？
2. 你是否对自己决定了的事情，不管别人说什么，你都会坚持去做？

3. 你是否认为自己是一个完美情人?

4. 你是否认为自己有幽默感?

5. 与别人合作,你是否觉得很愉快?

6. 你是否对自己的长相很满意?

7. 你现在的工作是否是你所擅长的?

8. 你去商场购物,如果遇到店员对你冷眼相待,你是否会投诉?

9. 你认为你是一个受欢迎的人吗?

10. 你认为你是一个要强的人吗?

11. 你认为自己的能力比别人强吗?

12. 你认为你对异性有吸引力吗?

13. 遇到突发情况,你是否能冷静地对待?

14. 你觉得你的记忆力很好吗?

15. 你认为自己很有魅力吗?

16. 你是否懂得理财?

17. 你是否经常照镜子,一天超过三次?

18. 如果你当领导,你觉得你会成为一个优秀的领导吗?

19. 和朋友去逛街买衣服,你是否要先听听朋友的意见?

20. 平时和熟人碰面,是否都是别人先跟你打招呼?

21. 你是否认为自己就是一个普通人而已?

22. 你是否总觉得自己比别人差?

23. 你是否经常羡慕比你优秀的人?

24. 你是否经常和别人道歉，就算不是你的错?

25. 你是否会因为要讨好别人而好好打扮自己?

26. 你是否经常希望自己能长得像某个人?

27. 你的生活是否都是有别人来支配?

28. 你是否会为了自己的爱人开心而放弃自己喜欢的工作?

29. 你不小心伤了别人的心，你是否会难过?

30. 你是否会怀疑别人对你的赞美?

31. 朋友聊天中，你是否很少发言？

32. 受到批评你是否会难过？

33. 你是否经常听别人的意见或建议？

34. 参加朋友婚礼，你会因为自己穿着不得体而尴尬吗？

35. 你是否经常勉为其难地做一些自己不愿意做的事情？

36. 你是否觉得去店里买内衣是一件很让人害羞的事情？

37. 你是否觉得自己照相不好看？

38. 和朋友去看电影，中途你很想上厕所，你是否会憋到电影结束才去？

39. 你是否觉得自己可以更优秀？

40. 你是否认为自己的优点比缺点多？

计分标准：

1~18题回答"是"得1分，回答"否"的0分；

19~40题回答"是"得0分，回答"否"的1分

测试结果分析：

11分以下：你对自己不太有信心，你经常觉得自己能力不行，很多方面不如别人，因此，常常压抑自己，也经常被别人支配。

12~24分：你对自己比较有信心，但是当你遇到挫折时，

你也会对自己的能力产生怀疑，你认为自己在某些地方还是不如别人。其实你应该多关注自己的优点，因为你在很多方面都是比别人强的，人无完人，人总是有缺点的，就算是有的方面不如人，你也应该看开一些。

25~40分：你对自己非常有信心。你很清楚自己的优点，也经常因为自己的优点而骄傲。不过，你有时候也应该收敛一点，不然会让人觉得你有点自大。

你是个宽容的人吗

你会包容别人吗

假如你的恋人很喜欢迟到，你们平时约会，你会等对方多久才会生气，而且任何理由都会让你愤怒？

A.十分钟　　　　B.半小时　　　　C.一小时

D.两小时　　　　E.从来不生气，说明理由，道歉就好了

测试结果

A.你非常的守时，而且对不守时的行为不能容忍，这也说明了你不太好相处，也不会包容他人。所以，建议你稍微缓和一些，有时候可以宽容一点，这样你的人际关系也会得到改善。

B.你老实忠厚，但是你也不会让自己受委屈。你是一个爱情与事业并重的人，你懂得合理地安排婚姻与事业。你会在事业和生活上帮助身边的人。

C.你是一个爱心和耐心兼具的人，你不喜欢条条框框的

生活，不喜欢规范自己也不喜欢约束别人，你喜欢给自己和别人自由的空间，因此，你很会享受生活，你和你的朋友因为这种自由都感到很快乐。

　　D.你有很强的包容性，对待别人很宽容，也正因为如此，你的很多情绪经常被压抑。其实，偶尔的发发脾气对自己的身心健康还是有好处的，不然不好的情绪积累在心里无法发泄，更容易产生不好的结果。

　　E.你的包容心极强，你的单纯和善良已经过度了，你会让人觉得你很好欺负，这样很容易得不到别人的尊重和善待。你应该改变这样的性格，不是什么事情都可以包容的，该发火的时候就发火，要让人知道你不是好欺负的，这样你才不会受制于人。

你会记仇吗

你喜欢什么样的烟花呢?

A.飞流直下的瀑布形状

B.圆形放射状

C.一朵朵小花的形状

D.满天的星星形状

测试结果分析：

　　A.你是一个个性直爽、大大咧咧的人，不会为一些鸡毛蒜皮的事情斤斤计较。你喜欢交际，希望和大家都能成为朋友，不喜欢与人树敌，更不会记仇，正因为这样，你很容易相信人，如果不听人劝，很有可能上当受骗。

　　B.你是那种亲兄弟明算账的人，不喜欢占人家便宜，也不喜欢人家占你的便宜。如果是需要共同分摊时候，有人却假装不知道躲开了，你会很讨厌这样的人，以后会离他们远远的。

　　C.你是一个老实巴交的人，因此经常被人欺负，但是你却不以为然，很习惯这样的交往方式。大家会认为你很好说话，没脾气，所以经常会把一些没人愿意干的活给你干，你也会接受。但你这样的性格很容易得到别人的同情和帮助。

D.你很敏感，对很多小事都会记得很清楚，如果是有人损害了你的利益，你更是耿耿于怀，你是一个会记仇的人，你有报复心理，但你通常会暗暗收集很多别人的罪状，等到有好的时机才一一抖落。

你够大方吗

你平时给家里打扫卫生的时候，你一般先打扫什么地方？

A.厕所马桶

B.浴缸

C.从大门开始，先打扫客厅

D.厨房

测试结果分析

选择A：你非常的小气，简直就是一个吝啬鬼，视金钱如命，就算你很有钱，你也不会轻易地花，如果和朋友出去吃饭，你绝不会掏钱请客，肯定是别人请客你才会出去。

选择B：你有一点小气，也可以说是比较节俭，对于日常的开销你会精打细算，买东西买物美价廉的，没有必要的绝对不买；在与朋友交往方面，你会见人就请客或送东西，只有那种绝对有必要的你才会出手。

选择C：你不算小气也不算大方，你处理金钱比较恰到好处，不会浪费，也不会吝啬，不管是对人对事都是这个态度。

选择D：你很大方，有时候甚至是奢侈。你对金钱没什么概念，看见喜欢的东西就买，不管有没有用，对朋友也很大方，可以说，你花钱有点大手大脚。

你性格叛逆吗

你有敌对情绪吗

1. **你是否挖苦过别人?**

   A.我经常挖苦别人

   B.我偶尔会挖苦别人

   C.我很喜欢挖苦别人

2. **你会在背会说别人的坏话吗?**

   A.我从来不说别人坏话

   B.我喜欢在背后说别人坏话

   C.我有时候会在背后说别人坏话

3. **你会记恨别人吗?**

   A.我会对某些人比较记恨

   B.我偶尔会

   C.我从来不记仇

4. **你对人有礼貌吗?**

   A.我偶尔不太礼貌

B.我一直都很礼貌

C.我从来都不在意是否礼貌

5. 你会固执己见吗?

A.不会

B.有时候会

C.我总是坚持自己的观点

6. 你羡慕别人吗?

A.比我强的人我都羡慕

B.我只羡慕一些比较有能力的人

C.我几乎不羡慕别人

7. 你会经常发脾气吗?

A.我不太容易发脾气

B.一不顺心我就会发脾气

C.我很少发脾气

8. 你嫉妒心强吗?

A.比我强的人我都嫉妒

B.我正在努力地改正，不要有太强的嫉妒心

C.我从来不会嫉妒别人

9. 你有耐心吗?

A.我一点耐心都没有

B.我偶尔会没有耐心

C.我非常有耐心

10. 你信任别人吗?

A.我会信任别人

B.有些人我不会信任

C.我从来不相信任何人

计分标准

选择A得1分，选择B得2分，选择C得3分

测试结果分析：

10~14分：你的敌对情绪很严重，你看什么都不顺眼，做什么事情都觉得不顺心。如果不调整好自己的情绪，时间长了有可能会产生厌世的心理，这是很不妙的事情。

15~24分：你有一点敌对情绪，但是只要你调整好自己的心态，就可以很快地消除这种情绪。

25~30分：你没有敌对情绪。你个性开朗，大大咧咧，有时候会让人觉得你是那种没心没肺的人，什么事情都不会困扰你，其实这样很好，很多人都愿意和你交朋友，因为你会很好相处。

❤ 你够成熟吗

1. **如果别人指责你，你会做出什么反应**

   A.以牙还牙，也指责他(她)

   B.保持沉默，过一会儿就忘了这事

   C.他(她)怎么说我就怎么做

   D.如果我没有错，我就要和他(她)理论

   E.想想自己是不是真的做错了

2. **如果你参加比赛输了，你会怎么做?**

   A.我会认为这是因为运气不好才输的，对方赢也就是因
      为运气好

   B.觉得对方也没什么了不起的，我在别的地方比他(她)强

   C.觉得对方很厉害，并且很钦佩他(她)

   D.认为胜败乃兵家常事

   E.我会找出失败的原因，下回争取能赢

3. **你对待争论持什么态度?**

   A.我随时都会和别人争论

   B.我不喜欢争论，我会尽量避免和别人争论

   C.我很少和别人争论

   D.无所谓

E.只有自己感兴趣的问题我才会参与争论

4. **你觉得你讨人喜欢吗?**

　　A.没有人喜欢我

　　B.我不知道

　　C.应该有一部人喜欢我，有一部分人不喜欢我

　　D.大家都挺喜欢我的，但是很少有人能成为我的知己

　　E.大部分人都很喜欢我

5. **通常都是什么样的人会与你意见分歧?**

　　A.想法怪癖、难以理解的人

　　B.缺少文化修养的人

C.素质比我高的人

D.生活阅历和我不同的人

E.固执己见的人

6. **每当你遇到问题的时候，你是怎么做的？**

A.我身边没发现有可以请教的人

B.我不会求助他人

C.我只会向我的亲朋好友求助

D.我先尽自己的能力去解决，如果不行，我会求助别人

E.我会向比我有能力的人求助

7. **在平时的人际交往中，你会：**

A.经常故意引起别人的注意

B.希望能引起别人注意，但是又不会明显地表现出来

C.喜欢别人能注意到自己，但是不会刻意去追求

D.不喜欢引起别人的注意

E.无所谓别人是否注意自己

8. **你觉得什么样的生活态度才是正确的?**

A.如果遇到一个不好的生活环境，就要想办法脱离，换一个好的环境

B.让自己去适应生活环境

C.发掘并利用生活环境中的有利因素去发展自己

D.不管什么样的生活环境，都要努力奋斗，这样才不愧对自己的一生

E.改变生活环境，让它变得更好

9. **你对看手相、八字算命有什么看法?**

A.我觉得挺准的

B.我不太清楚到底可不可信

C.我知道那是迷信，但是我偶尔也会去算命

D.我认为算命就是骗人的

E.我不相信算命能算出过去和未来

10. 每当你的生活遇到重大的挫折的时候，你有什么想法?

A.我会觉得什么都完了

B.感觉自己本来就不应该有那么高的期望

C.不甘心，决定不管付出多大代价，都要实现自己的
愿望

D.没什么大不了的，可以调整自己的目标

E.我想其他方面我或许可以获得成功，这样可以弥补
一下

计分标准:

1. A. -4	B.-3	C.0	D.4	E.8
2. A. -4	B.-3	C.0	D.4	E.8
3. A. -4	B.-2	C.0	D.3	E.8
4. A. -3	B.-2	C.0	D.2	E.8
5. A. -3	B.-2	C.0	D.4	E.8
6. A. -4	B.-2	C.0	D.4	E.8
7. A. -2	B. 0	C.3	D.4	E.8
8. A. -4	B. 0	C.4	D.6	E.8
9. A. -5	B.-2	C.0	D.3	E.10
10. A. -4	B.-3	C.0	D.5	E.10

测试结果分析：

　　60分以上：你是一个个性很成熟的人，在工作生活中，你能很老练地处理很多问题；在人际交往上，你能游刃有余地处理和周围人的关系。

　　31~60分：你比较成熟，对于一般的事情你可以很好地处理，但是有一些事情，你也会束手无策，有的时候会显得比较幼稚。

　　0~30分：你不够成熟，你不太善于处理生活中遇到的各种问题，在别人看来，你还没有长大，很多事情都必须依靠别人才能完成。

　　0分以下：你是一个非常幼稚的人。做事情喜欢凭直觉，比较容易冲动，而且特别容易走极端。你很难融入这个社会，你会到处碰壁。

你的嫉妒心·强吗

你有小心眼吗

你最近会在什么情况出现下面的情况?

1. 看到别人赚大钱或者有意外之财就特别的生气

2. 看到别人出国就很嫉妒

3. 看到别人事业有成会很嫉妒

4. 看到别人家庭生活很幸福,觉得自己很心酸

5. 看到同事得到晋升自己很不爽

6. 看到别人有很多挣钱的路子会很嫉妒

7. 看到别人家的房子很豪华会很气愤

8. 看到朋友的妻子身材很好会很嫉妒

测试结果分析:

如果你的回答有三个"是"以上,说明你心胸不开阔。如果你会因为嫉妒而感到心里不安,那说明你的小心眼还不是很严重,如果因为嫉妒而想要报复你的嫉妒对象,那你的

小心眼理就已经很严重了，你应该注意调节自己的心态，转移注意力。

♠ 你会吃醋吗

你正在布置一个活动现场，需要将气球三个一组地并排放在一起，如果有一个红色和蓝色的气球，你会在它们中间放一个什么颜色的气球？

A.绿色　　　B.酒红色　　　C.黄色　　　D.橘色

测试结果分析

A.你一点嫉妒心的都没有，你对家人、朋友都充分地信任，一点疑心都没有。但是，有的人正是利用了你的这个特点，会做出一些对你不利的事情，甚至你的恋人或者爱人会沾花惹草。所以说，防人之心不可无，适当的嫉妒心还是要有的。

B.你是一个比较会隐藏嫉妒心的人，你不会轻易地把嫉妒情绪表现出来。在感情上，你更能控制自己的嫉妒情绪，你认为经常吃醋是一种很幼稚的行为。如果你的恋人和别的异性只是一般的勾勾搭搭，虽然心里不痛快，但是你是不会发作的，你只有在关键的时刻，忍无可忍的情况下才会把嫉妒情绪表现出来。

C.你算不上一个醋坛子，但是情人和朋友的一举一动你都会时刻关注着，如果有一些让你觉得可疑的举动，你一定会找机会问个水落石出。因为出于爱面子，你不会当着情人或朋友的面把这种嫉妒心理表现出来。

D.你是一个十足的醋坛子，在恋爱过程中，不能接受自己的恋人和别的异性有接触，就算是站在一米开外说一句话，都会让你心里不痛快，醋意顿生，所以，你和恋人的争争吵吵是少不了的。在家中或是在工作中，如果你受到不公平的对待的时候，你也会不高兴。其实，你就是希望得到大家的关注，你害怕被遗忘，你不妨调整一下自己的心态，也许这样会让你更快乐一些。

❧ 你的嫉妒心有多强

你和你的朋友不小心闯进了魔法学校，你俩都被魔法师施了魔法，你被变成了一只狐狸，你觉得你的朋友变成了什么？

A.松鼠　　　B.兔子　　　C.熊　　　D.鹿

测试结果分析

A.你的嫉妒心很强，那是因为你总觉得别人什么都比自己好。你应该学会发现自己的优点，这样嫉妒心才能减弱，你也才能够在别人面前树立信心。

B.你的嫉妒心比较强，你经常会因为身边的同事或者朋友有一些成绩或者比自己受关注就会嫉妒起来，因此会责怪自己为什么没有比他们做得更好。

C.你对自己很有信心，所以你不会嫉妒别人。

D.你没有什么嫉妒心，你和朋友相处得很开心。

你是急性子还是慢性子

你有足够的耐心吗

晚上睡觉的时候，假如让你开着灯睡觉，你会选择什么风格的小灯放在床边呢？

A. 田园蕾丝风格

B. 卡通造型风格

C. 欧式华丽风格

测试结果

选择A，你是一个非常没有耐心的人。你非常怕麻烦，讨厌一切繁琐的事情，因此，一旦遇到挫折，就显得格外的烦躁不安，手足无措。你比较适合从事一些相对稳定的工作，固定的工作模式，这样你会做得比较好，你难以应对一些突发的事情，你需要有人陪伴，这样才有足够的安全感。

选择B，你的耐性不是很好。你喜欢和别人竞争，喜欢控制别人，让别人按照你的想法去行事。

选择C，你是一个很有耐心的人。不管遇到多大的挫折和困难，你都能想办法让自己放松下来，平静地解决问题。在你的朋友看来，你是一个很有能力的人，不管遇到什么困难，你都会耐心地去处理并克服它，因此，你的朋友都喜欢找你帮忙。

▲ 你够执着吗

1. **你期待已久的电影终于上映了，你跑到电影院去买票，到那儿发现已经排了很长的队，估计得排半天才能买到票，而且肯定只能看几个小时以后的场次了，你是否会坚持排队买票?**

   A.是的，这是我期待已久的，等多久我都要看

   B.不确定

   C.不会，这太浪费时间了，等哪天人少了再看吧

2. **你有没有耐心去学好一项体育项目?**

   A.有　　　　　　B.不确定　　　　　C.没有

3. **你想给机场客服打电话咨询点事情，但是一直占线，打了无数个电话都打不进去，你会放弃吗?**

   A.是的，打不通就不问了

B.不确定，看情况吧

C.不会，我会一直打

4. **你对于自己喜爱的事情是不是也很难一如既往地坚持呢？**

　　A.是　　　　　　　B.不确定　　　　　　C.否

5. **如果和朋友聊天或者争论某些事情，你是否总要说最后一句话呢？**

　　A.是　　　　　　　B.不确定　　　　　　C.否

6. **你能独自一个人玩儿个小时的填字游戏吗？**

　　A.能　　　　　　　B.不确定　　　　　　C.不能

7. **你和朋友约好了去某家餐馆吃饭，到那发现前面还有很多人在等位，你会放弃选择别的餐馆吗？**

　　A.会　　　　　　　B.不确定　　　　　　C.不会

8. **你会被认为是一个顽固不化的人吗？**

　　A.会　　　　　　　B.不确定　　　　　　C.不会

9. **你看中了一件东西，但是附近的商店都没货了，你知道很远的地方有一家店可能会有货，你会去吗？**

　　A.会　　　　　　　B.不确定　　　　　　C.不会

10. **你的观点是否常常会受别人的影响而改变？**

　　A.会　　　　　　　B.不确定　　　　　　C.不会

11. **遇到繁琐的事情你是否会不耐烦？**

　　A.会　　　　　　B.不确定　　　　　C.不会

12. 你是否会有耐心花一天的时间来整理你的衣柜?

　　A.会　　　　　　B.不确定　　　　　C.不会

**13. 你一直在努力做的事情在快要结束的时候前功尽弃了,
你还会从头开始做吗?**

　　A.会　　　　　　B.不确定　　　　　C.不会

**14. 你参加某项考试,考了三次都没考过,你还会继续报名
考试吗?**

　　A.会　　　　　　B.不确定　　　　　C.不会

**15. 如果你想约一位朋友吃饭,但是每次他(她)都说没时间,
你还会找机会继续约吗?**

　　A.会　　　　　　B.不确定　　　　　C.不会

计分标准：

1. A.5	B.3	C.1
2. A.5	B.3	C.1
3. A.1	B.3	C.5
4. A.1	B.3	C.5
5. A.5	B.3	C.1
6. A.5	B.3	C.1
7. A.1	B.3	C.5
8. A.5	B.3	C.1
9. A.5	B.3	C.1
10. A.1	B.3	C.5
11. A.1	B.3	C.5
12. A.5	B.3	C.1
13. A.5	B.3	C.1
14. A.1	B.3	C.5
15. A.5	B.3	C.1

测试结果分析：

30分以下：你不够执著。你不是一个很有耐心的人，你也比较善变，对于自己做出的决定，经常会因为某些原因改变。你经常会受到他人或者一些外界因素的影响，如果别人怀疑你的观点，并提出异议，你一般没有办法坚持自己的观点，你也会跟着别人的思路去改变，在别人看来，你是一个没有什么主见的人。

31~60分：你是一个比较变通的人。对于那些费时费力的事情，你不会一味盲目地去做，你会考虑别的更便捷的方式，可以说，你比较灵活应变。

61分以上：你是一个非常执著的人，也很有耐心，一旦你决定了的事情，不管外界因素怎影响，你都不会改变你的初衷，你一定会想尽办法去完成它。你也很固执己见，别人的意见你很少会听，你只会自己埋头苦干，但是在工作中，很多时候是需要团队合作，需要听取别人意见的，所以，你应该多听听别人的意见，或许可以事半功倍。

☕ 你的忍耐性有多强

1. **对自己制定的计划你是否能够坚持执行？**

   A.总是　　B.经常　　C.有时　　D.很少　　E.从不

2. **如果没有十足的把握，你不会轻易做决定，对吗？**

   A.总是　　B.经常　　C.有时　　D.很少　　E.从不

3. **如果别人尽力了但是没有完成你交代的事情，你不会指责，是吗？**

   A.总是　　B.经常　　C.有时　　D.很少　　E.从不

4. **遇到困难你是否能抱着乐观的态度去对待？**

   A.总是　　B.经常　　C.有时　　D.很少　　E.从不

5. **面对很多社会问题你是否能保持沉默？**

   A.总是　　B.经常　　C.有时　　D.很少　　E.从不

6. **你可以预见事情的结果，但是你还是会冷静地对待，是吗？**

   A.总是　　B.经常　　C.有时　　D.很少　　E.从不

7. **如果有人不同意你的观点，你是否能接受？**

   A.总是　　B.经常　　C.有时　　D.很少　　E.从不

8. **你是否始终认为男女平等？**

   A.总是　　B.经常　　C.有时　　D.很少　　E.从不

9. 假如你处在一个动荡的年代，你认为你能够冷静或者不
   屈服吗？

   A.总是　　B.经常　　C.有时　　D.很少　　E.从不

10. 如果你发现你的朋友是同性恋，你是否会继续和他(她)
    交往？

    A.总是　　B.经常　　C.有时　　D.很少　　E.从不

11. 不管现实多残酷，你是否对自己都很有信心？

    A.总是　　B.经常　　C.有时　　D.很少　　E.从不

12. 不管做什么事情，你都会坚持到最后才会决定是否放
    弃，是吗？

    A.总是　　B.经常　　C.有时　　D.很少　　E.从不

13. 你只有经过长时间的观察和了解才会对身边的人或事做
    出判断，是吗？

    A.总是　　B.经常　　C.有时　　D.很少　　E.从不

14. 你经常可以两耳不闻窗外事，是吗？

    A.总是　　B.经常　　C.有时　　D.很少　　E.从不

15. 就算别人对你有成见，你也可以友好地对待他(她)，是
    吗？

    A.总是　　B.经常　　C.有时　　D.很少　　E.从不

16. 就算是一场你觉得不好看的电影，你也会坚持看完，是吗？

　A.总是　　B.经常　　C.有时　　D.很少　　E.从不

17. 如果别人欺负你，你也能平和地对待，是吗？

　A.总是　　B.经常　　C.有时　　D.很少　　E.从不

18. 如果你的朋友和一个比他(她)年龄大的人结婚，你是否可以理解？

　A.总是　　B.经常　　C.有时　　D.很少　　E.从不

19. 你是否可以通过改变自己来适应社会？

　A.总是　　B.经常　　C.有时　　D.很少　　E.从不

20. 你是否能遵守各种规章制度？

　A.总是　　B.经常　　C.有时　　D.很少　　E.从不

计分方法：

　选A得4分，选B得3分，选C得2分，选D得1分，选E得0分

测试结果分析

　20分以下：你的忍耐性很差。在人际交往中，你以自我为中心，无法忍受别人和你有不同意见，一旦有人和你有分歧，你就会非常的难受。在工作生活中，你不能忍受太多的

变化，你的适应能力很差，外界环境的变化经常让你无所适从。

21~60分：你的忍耐性一般。你的忍耐性是有度的，如果没有超过你这个度，什么事情你都可以温和地对待，一旦超过你的极限，你就会爆发，也就是人们常说的"忍无可忍，无需再忍"。

61分以上：你的忍耐性很强。不管你身边的人说什么、做什么，你都觉得很正常，即便是一些大家都不可理解的事情，对你来说都没什么，在别人看来，你对什么事情都是一种淡然处之的态度。所以，你不会生气，不喜欢斤斤计较，也正因为如此，大家都喜欢和你交朋友。

你做事容易冲动吗

你够稳重吗

1. **你会受外界因素的影响吗？**

   D.会　　　　　　G.不确定　　　　　A.不会

2. **对于你从来没有做过的事情，你会尝试去做吗？**

   B.会　　　　　　G.不确定　　　　　A.不会

3. **你常常会为自己所具有的修养及所获得的成就感到自豪吗？**

   B.会　　　　　　F.不确定　　　　　A.不会

4. **你会对你做的任何事情高谈阔论吗？**

   C.会　　　　　　B.不确定　　　　　D.不会

5. **你是否能轻松地应对你现在的工作？**

   D.是　　　　　　C.不确定　　　　　F.否

6. **目前你的心情是否开朗，对待同事朋友是否和蔼可亲？**

   D.是　　　　　　F.不确定　　　　　C.否

7. **你能够专心地听别人讲话吗?**

    D.能　　　　　　G.不确定　　　　　A.不能

8. **你对待他人是否通情达理?**

    D.是　　　　　　A.不确定　　　　　E.否

9. **你是一个个性张扬的人吗?**

    D.是　　　　　　B.不确定　　　　　A.不是

10. **你是否对什么事情的结果都是用想象猜测判断出来的?**

    C.是　　　　　　B.不确定　　　　　F.不是

11. **你能真心地向别人承认错误吗?**

    A.能　　　　　　D.不确定　　　　　C.不能

12. **你会参加具有风险性的体育活动吗?**

    C.会　　　　　　B.不确定　　　　　A.不会

13. **在公众场合面对众多的人发表言论你会感到紧张而不好意思吗?**

    F.会　　　　　　A.不确定　　　　　C.不会

14. **对于琐碎的事情,你会有耐心去解决吗?**

    D.会　　　　　　A.不确定　　　　　C.不会

15. **你经常会有一些不正常的行为吗?**

    B.会　　　　　　F.不确定　　　　　C.不会

16. 你是否认为自己是最优秀的，其他人都不如你，因此你常常表现得很高傲？

    C.是   B.不确定   A.不是

17. 你觉得自己是一个很理智的人吗？

    D.是   A.不确定   E.不是

18. 你平时是不是个冒冒失失的人？

    B.是   C.不确定   G.不是

19. 你会不会经常为一点小事而大发雷霆？

    B.会   F.不确定   D.不会

20. 你认为你的父亲是一个称职的父亲吗？

    C.是   B.不确定   A.不是

21. 你对待他人是否经常粗暴无礼？

    C.是   F.不确定   D.不是

22. 你是否经常幻想自己变得很有钱或者很漂亮？

    C.是   B.不确定   E.不是

23. 假如你的另一半和异性交往比较密切，你会不会吃醋或不满？

    C.会   B.不确定   A.不会

24. 你是不是一个多疑的人？

    A.是   F.不确定   D.不是

25. 你是个好斗的人吗?

　　B.是　　　　　　　C.不确定　　　　　A.不是

26. 你是一个很容易相处的人吗?

　　D.是　　　　　　　A.不确定　　　　　B.不是

27. 你会就同一个问题不停地和别人讨论吗?

　　B.会　　　　　　　C.不确定　　　　　A.不会

28. 你是否是一个很严谨的人，做什么事情之前都必须都考虑周到了才去执行?

　　A.是　　　　　　　D.不确定　　　　　E.不是

29. 你是否是一个有先见之明的人?

　　C.是　　　　　　　D.不确定　　　　　F.不是

测试结果

9个A以上：你非常的稳重，而且你的适应能力很强，有良好的人际关系。你聪明能干，但是缺乏勇气，处理问题不够果断；你乐于助人，但是缺乏竞争意识。虽然你很受大家的欢迎，但是因为你的武断和竞争意识的欠缺，你很难得到晋升的机会，如果你自己创业，也很难获得成功。

7个D以上：你比较稳重。在平时的工作生活中能很好地控制自己的情绪；你富有同情心，对朋友同事温柔体贴，因此很多人都愿意成为你的朋友，你有成为领导的潜质。

3个G以上：你稳重度一般，你喜欢独立思考问题，观察周围的事物，而且做什么事情之前一定会准备充分了。你比较墨守成规，喜欢像别人解释。

4个F以上：你不够稳重。你心胸宽广，平易近人，关心别人的疾苦，但是你不够有耐心，比较浮躁。

8个C以上：你很不稳重。你盲目自大，对比人比较傲慢无礼。你有很强的竞争意识，总希望能有出人头地的一天，但是你过分张扬的性格很难得到别人的认可。

8个B以上：你极其不稳重。你有很强的交际能力，你敢于尝试新鲜的事物，但是你个性比较冲动，对某些事情过于敏感。这会对你的生活带来一定的影响，会让你产生不愉快的情绪。

🔖 你属于冲动型的人吗

1. 你喜欢游泳吗?

A.不喜欢——转到第2题

B.喜欢，游泳既可以强身健体，还可以瘦身——转到第3题

2. 出门在外，你喜欢找什么样的人问路?

A.同性或者是年长的人——转到第4题

B.不一定，或者找长得好看的异性——转到第5题

3. 假如你刚要出门，就下起了大雨，你会:

A.风雨无阻，继续出门——转到第4题

B.等雨停了再出去——转到第7题

4. 炎热的夏天，酷暑难耐，正好有人递给你一瓶冷饮，你会：

A.二话不说，一口气把它喝完——转到第8题

B.一口一口慢慢地喝——转到第6题

5. 你在路上看见了一场车祸，场面很血腥，你会：

A.有点不舒服，但是还会继续凑热闹地看——转到第6题

B.感觉很恶心，捂住眼睛快速离开——转到第7题

6. 如果你的经济能力还不错，你会选择穿什么样的衣服？

A.会买质量好一点的，但是不一定是名牌——转到第9题

B.会买名牌的衣服——转到第10题

7. 每当要进门之前你是不是经常发现自己找不到钥匙或者忘记带钥匙？

A.是，经常这样——转到第9题

B.不是，我没有这么健忘——转到第11题

8. 如果失恋了，你是不是会很难过？

A.心如刀割，整体沉浸在痛苦中——转到第9题

B.还好了，会难过一会，很快就好了——转到第10题

9. 你觉得自己有美术天分吗？

A.完全没有，画什么不像什么——属于A型

B.有一点，虽然没有参加过任何的培训，但是画作还经

常受到好评——转到第10题

10. 你看电视的时候，是不是很容易入戏?

A.是，经常看着看着就跟着哭了——属于C型

B.我很少被电视剧情感动——转到第11题

11. 如果自己一个人住，你在家里会穿什么样的衣服呢?

A.自己怎么舒服怎么穿，不太在意是否好看——属于B型

B.还是比较注意形象的，不会太随意——属于D型

测试结果分析

A型：你是一个小心谨慎的人，不容易冲动。你平时做什么事情之前比较瞻前顾后，小心翼翼的，会考虑得比较多，经常会因为考虑的因素太多，本来计划的事情根本没有办法去执行。正因为你的这种性格，你很容易受到外界的影响，就算是你决定的事情，一旦有人提出异议，你也会动摇；或者本来你不想做的事情，被别人一游说，你就鬼迷心窍的去做了。

B型：你外表看起来比较冷淡，但是内心也热血沸腾。你不熟悉的人，会认为你很严肃。确实，你也不会轻易地和别人谈论你的个人私事，但是一旦和你混熟了，相互之间有了信任，你就会比较冲动，你会什么事情都告诉对方，甚至是一些隐私。你的这种性格也会导致你容易上当受骗。

C型：你是一个活泼开朗的人，在很多时候，会被认为是大大咧咧的性格。你经常会不经过脑子就把不该说的话脱口而出，你的朋友会认为你这样的行为很冲动。

D型：你不太容易冲动，你比较善于思考，你的言行举止都要经过思考，不管是在工作上还是交际你都会深思熟虑，你的防御心理比较强，就算朋友很多也不会有很交心的朋友。

🌿 你会感情用事吗

1. **你喜欢听什么类型的音乐?**

   A.欢快活泼的

   B.不确定

   C.富有感情的，舒缓的

2. **你平时喜欢看什么类型的电影?**

   A.军事、历史题材的电影

   B.不一定

C.爱情题材的电影

3. **你最喜欢哪个行业?**

   A.音乐类的

   B.不确定

   C.机械类的

4. **你喜欢什么样的工作形式?**

   A.自己负责指挥，几个下属执行

   B.不确定

   C.和同事一起合作

5. **你平时喜欢看什么方面的书籍?**

   A.自然科学

   B.不确定

   C.哲理性的书籍

6. **你的理想是什么?**

   A.建筑工程师

   B.不好说

   C.文科教授

7. **你是否更希望自己能成为一个艺术家而不是工程师?**

   A.是的

   B.不确定

C.不是，我希望自己能成为一个工程师

8. **上学的时候，你最喜欢哪门功课？**

    A.语文

    B.不好说

    C.物理

9. **你是否经常想入非非？**

    A.是的

    B.不确定

    C.不是

10. 你是否认为不应该羞辱那些素质高的人，就算他们犯了错误？

A.是的

B.不确定

C.不是

计分标准

1. A.0	B.1	C.2
2. A.2	B.1	C.0
3. A.0	B.1	C.2
4. A.0	B.1	C.2
5. A.2	B.1	C.0
6. A.0	B.1	C.2
7. A.0	B.1	C.2
8. A.2	B.1	C.0
9. A.2	B.1	C.0
10. A.2	B.1	C.0

测试结果分析：

0~9分：你很理智，不会感情用事。对待事情都很客观、理性。你这样的性格很容易让人觉得你很死板，缺乏感性的一面。

10~13分：对于生活中遇到的问题，你大部分可以比较理性地去解决，但有时候你也会冲动，会感情用事，可以说，你处理问题时的情绪不是很稳定。

14~20分：你是一个比较感性的人，容易感情用事，多愁善感。你喜欢幻想，常常想一些不切实际的事情，所以你在平时的工作中也常常会有一些不切实际的想法。

▲ 你做事情慎重吗

你独自一人在一片森林里，又累又饿，突然不远处看见有一座房子，你打算进房子里休息，你希望当时房子的大门是一个什么状态呢？

A. 半开着

B. 紧闭着

C. 敞开着

测试结果分析

A.你做事比较慎重，做事情之前都会经过几番考虑权衡，会给自己留余地，但是往往又会因为考虑得太多而错过很多机会。

B.你做事情比较瞻前顾后，犹豫不决，你害怕被拒绝，害怕失败，总是小心翼翼的。

C.你处理问题比较直接、单一，做事情不经大脑，容易冲动。

第三章

情商心理测试

你对自己满意吗

你对自己的生活满意吗?

1. **你对自己感到满意吗?**

   A.偶尔感到满意

   B.一直对自己感到满意

   C.很少或者从不对自己感到满意

2. **你觉得自己的个性是不是被压制了，被迫循规蹈矩?**

   A.有时候是

   B.很少或从不

   C.是的，经常这样

3. **你会不会嫉妒那些有钱人或者是明星?**

   A.偶尔会

   B.很少会或从来不会

   C.经常会

4. **你喜欢自己的工作吗?**

A.大部分时候喜欢

B.喜欢

C.不怎么喜欢

5. **你是否期望有一个不寻常的假期，可以让你忘掉现在的生活?**

A.是的，有时候

B.有也行，没有也行

C.是的，经常想

6. **你觉得下面哪个词最能形容你现在的状态?**

A.安定的

B.感到满意的

C.不平静的

7. **你是否经常做得太少而沮丧?**

A.有时是

B.很少或从不

C.一直是这样

8. **你会不会做一些让你觉得有愧良心的事情?**

A.有时候会

B.很少或从不

C.是的，我经常会不安心

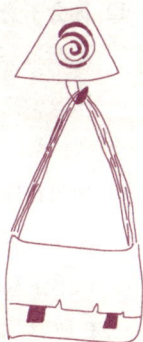

9. 你会嫉妒其他人比你有钱吗?

    A.偶尔会

    B.很少或从来不会

    C.经常会

10. 你是抱着一种轻松的心态对待生活吗?

    A.是的,对大部分的事情是这样,但是对一些很重要的
    事情也会放不下

    B.总的来说是这样的

    C.不是,很多事情我都放不下

11. 你是不是觉得自己总是把握对不住机会?

    A.有时候

    B.很少或者从不

    C.经常

12. 你会不会因为自己失败了而拿别人来当出气筒?

    A.偶尔会

    B.很少或从不

    C.经常

13. 如果让你变换自己的生活方式生活一年,你愿意吗?

    A.在特定的情况下可能愿意

    B.不愿意

    C.愿意

14. 你是否觉得你的星座是一个比较幸运的星座?

A.也许我比较幸运

B.是的

C.不是

15. 你是否经常希望自己是另外一个人?

A.我偶尔会觉得有些人比我幸运

B.没想过

C.是的，经常

16. 你的大部分人生理想是否已经实现了?

A.是的

B.我没有什么特定的理想

C.不是，很多没有实现

17. 你怎么看待自己的未来?

A.有一些理解

B.如果顺利，会像现在一样继续发展

C.希望未来比现在要好

18. 你是否已经收获了人生中应该收获的东西?

A.基本上

B.是的，我收获了

C.不，没有收获

19. 你平时睡眠质量好吗?

A.我努力调整了，但是还是睡不好

B.是的，很好

C.一般不太好

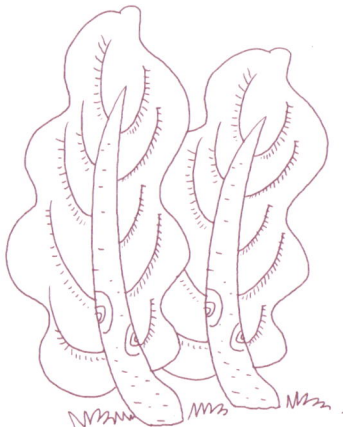

20. 通过休息，你是否很容易得到放松?

　　A.有时候容易，有时候很难

　　B.是的，很容易

　　C.一点都放松不了

21. 你是否有自卑感?

　　A.有时候有

　　B.没有

　　C.是的，有

22. 下面哪句话比较适合评价你的人生?

　　A.基本上满意，但是我认为自己还可以获得更多

　　B.我要感谢老天，因为我的人生顺境多于逆境

　　C.我不太满意，因为我没有实现自己的人生价值

23. 你是否觉得自己有一个忠诚和稳定的家庭生活?

　　A.总的来说是

　　B.毋庸置疑

　　C.不是

24. 你是否考虑过通过整容让自己漂亮一些?

　　A.有时候

　　B.没有想过

　　C.是的，很想

25. 你觉得自己会充分地利用业余时间吗?

A.我的业余活动不是很多

B.是的，我会

C.不，我没有时间

计分标准：

选A得1分，选B得2分，选C得0分

测试结果分析

少于25分：你对你目前的工作生活状况很不满意。或许你觉得没有实现你的人生目标，因此感到非常的无可奈何与痛苦；或许你觉得你还有很多事情想要做，但是你没有足够的时间去做；或许你对现在的工作非常的不满意，因为你在干着自己不喜欢的事情；或许你已经过了结婚的年龄，但是你依然孤身一人，孤独寂寞；生活的种种不如意让你对自己的现状非常不满。你应该好好地审视一下自己，或许你应该改变你的人生态度，或许你应该有一个新的爱好，转移你的生活重心。或者你应该去交一个新朋友，或者你应该去旅行，这样也许你的生活会有新的改观。

25~39分：你基本满意自己的生活。你和很多人一样，也有自己的理想，有自己的追求，有时候你的内心也会觉得不满足，因为你觉得你可以更成功，你可以过得更好，你多少会觉得有些遗憾。但总的来说，你认为你的大部分理想已经实现了，没有必要去改变太多。如果追求更多的理想会破坏你现在的生活状况，你是不会为此去冒险的。

40~50分：你是一个安于现状的人，你对现在的生活感到非常的满意，你很快乐，因为你懂得知足。

◢ 你自恋吗

1. **下面三款镜子,你喜欢那一款?**

   A.圆形的,没有图案的

   B.四方形,纯色的

   C.边框有花的

2. **你喜欢下列哪一项户外活动?**

   A.滑水

   B.潜水

   C.滑浪风帆

3. **你照镜子的时候最喜欢从哪个角度看自己?**

A.正面半身

B.正面全身

C.侧面全身

4. **你和朋友在逛街，中途他说要去买两杯饮料，你在原地等他，这时你会做什么?**

A.拿本书出来看

B.把路边的玻璃当镜子照，自己臭美

C.看看过往的路人

5. **在你的衣着上，如果必须有一个地方是红色的，你会把红色放在哪一个部分?**

A.鞋子上

B.背心上

C.皮带上

6. **你和别人说话的时候会触摸自己的哪一个部位?**

A.头发

B.脸蛋

C.手指

7. **单位给你去日本旅行的机会，你觉得你去那最想做的是什么？**

　　A.爬山

　　B.购物

　　C.泡温泉

8. **你挑食吗？**

　　A.我从来不挑食

　　B.有一点挑食

　　C.我很挑食，很多食物我不吃

9. **你喜欢什么宠物？**

　　A.猫

　　B.狗

　　C.兔子

10. **早上去上班，刚上公交车，发现没带手机，你会怎么办？**

　　A.下一站下车，然后回家拿

　　B.到单位再借同事的用

　　C.没带就不打电话了

计分标准：

1. A.3	B.1	C.5
2. A.5	B.1	C.3
3. A.3	B.5	C.1
4. A.3	B.5	C.1
5. A.3	B.5	C.1
6. A.1	B.3	C.5
7. A.3	B.1	C.5
8. A.1	B.3	C.5
9. A.5	B.3	C.1
10. A.5	B.3	C.1

测试结果分析：

10~20分：你有自恋倾向，但是你常常对自己缺乏信心，所以你的自恋也不是真实的，其实你很自卑。你经常想在朋友面前表现一下自己，但是经常以失败而告终，因此，这让你产生了更多的心理阴影，更难让自己自信起来。

21~30分：你和大多数人一样，都比较自恋，这是很正常的。你的自恋程度也是常人可以接受的，不夸张、不过分。你知道怎么去表现自己好的一面，并且不会让人觉得很做作。

31~50分：你相当的自恋。可以说你是一个完美主义者，你不仅对自己要求完美，对别人也要求完美。你对自己的长相、身材、能力都非常的自信，认为自己无人可及，甚至觉得自己没有任何缺点。你做任何事情都觉得是对的，你从来没有怀疑过自己的能力，很多时候，你会让人觉得有点自大。你对自己的自恋程度就让人觉得你这一辈子最爱的就是你自己，所以，如果，当你的恋人，真是一件不容易的事情。

你自恋到什么程度

你正走在路上，突然下起了大雨，你跑到附近的超市打算买一把伞，你会选择什么样子的？

A.纯色的雨伞

B.折叠雨伞

C.圆点图案的

D.动物图案的

E.立体雨伞

测试结果分析

选择A，你的自恋程度极高，你认为自己是最完美的，对自己的长相、身材都非常的满意，你超级喜欢照镜子，只要有能照出你模样的东西你都会当成镜子照，走在街上，高楼外面的玻璃墙更是你的最爱，你可以一边走一边欣赏自己。因为你对自己已经爱到了极点，所以经常会忽视你身边的人。

选择B，你的自恋程度也非常高，而且你的这种自恋不仅限于孤芳自赏，你会用你的魅力去吸引周围人的注意，特别是吸引异性的注意。你的自恋也源于你的自信，你认为自己称得上是一个万人迷，因此，在感情路上，你经常可以如鱼得水。

选择C，你对自己的外貌也很满意，但是还不至于自恋，因为你觉得还是有很多人长得比你好看，你在众人之中只能算得上是中上水平。你有点孤芳自赏，认为周围的人不一定懂得欣赏你的美，所以，一旦在恋爱中有人抛弃你，你将会非常痛苦，甚至对爱情失去信心。

选择D，你的自恋程度一般，对于自己的外貌你比较有自知之明。虽然算不上美女，但是你性格开朗，待人亲切，爱憎分明，所以很多人都愿意和你聊天，愿意成为你的朋友。

选择E，你自视平凡，对自己的长相没有信心，觉得自己长得很一般。你会通过打扮掩饰自己的缺点，同时也希望得到别人的关注。

你在乎别人的评价吗

你有虚荣心吗

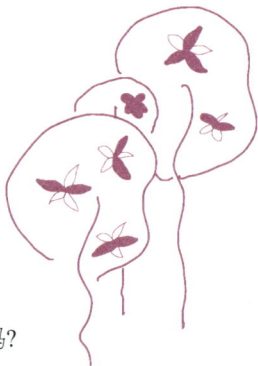

1. 你喜欢买名牌包包吗?

2. 你经常买名牌衣服吗?

3. 你是否曾经做过整形手术?

4. 你有过整容的想法吗?

5. 你会定期到美容院修理指甲吗?

6. 你会把钱都花在打扮和保养上吗?

7. 你很注重穿衣打扮吗?

8. 你是否很喜欢照镜子?

9. 你每天梳头是否超过三次?

10. 不管到哪儿你是否都喜欢照很多照片?

11. 你是否经常和你身边的人展示你刚刚买的东西?

12. 你会经常翻看自己的相片吗?

13. 你是否喜欢佩戴很多首饰?

14.你和朋友约好了一起去逛街，但是你的朋友穿得很邋遢，你是否觉得很尴尬？

15.你是否喜欢别人称呼你的某些头衔？

计分标准：

回答"是"得1分，回答"否"得0分

测试结果分析：

0~3分：你一点虚荣心都没有，你不在乎这些外表的不切实际的东西，你更愿意把自己的精力用在重要的事情上，别人对你的评价也就当成是耳边风。

4~9分：你有一点虚荣心，你比较在意别人对你外表的印象，但是在别的方面，你不在乎别人的想法。

10~15分：你的虚荣心很严重。你时时刻刻都很注意自己的形象，生怕给别人留下一丝不好的印象，对于别的评价你也是相当的看重，所以，你会活得很累，给人的感觉就是为别人活着。

☕ 你是一个敏感的人吗

　　请根据你的实际情况，回答下列问题，可回答"是""否"或"不确定"：

1. 遇到一点小事，你是否会像祥林嫂一样见人就唠叨?

2. 如果有人质疑你的办事方法，你是否会辩解?

3. 你第一次谈恋爱，你非常爱你的恋人，甚至视他(她)为心中的偶像，如果有一天你发现他(她)做了一件很庸俗的事情，你是否他(她)在你心目中的形象被破坏了，并有抛弃他(她)的想法?

4. 别人因为你的帮助而酬谢了你，你是否会抱怨给你的酬谢太单薄?

5. 如果你的一个好朋友做了一件对不起你的事情，你是否会毫不留情的指责他(她)?

6. 你正在和朋友们聊天，突然聊到大家都认识的一个人，你就很八卦地把你所知道的大加渲染了一番，过后你是否会很愧疚，每次见到他(她)都会表示你的好感?

7. 在同学们聚会上，你发表了自己一个言论，但是和你关系很好的一个同学却不以为然，当场就表现出一副不屑的样子。当时你不表露你的不满，过后你是否会和他(她)断交？

8. 你和朋友们讲述了你的一段奇特经历，但是朋友们都不相信，你是否会想尽一切办法来证明你自己的经历是真实的？

9. 在地铁里，如果坐你旁边的人用手捂住了鼻子，你会怀疑他(她)是在嫌弃你有味儿吗？

10. 你正坐在咖啡厅靠窗的座位上喝咖啡，突然透过阳光照射的一束光看见漫天飞舞的灰尘，你是否会下意识地找东西把咖啡盖上？

11. 你是否会一边说你讨厌八卦的人，一边又在讨论别人的八卦？

12. 你走在街上，看见不远处有一个熟人，你大声地叫他(她)的名字，但是他(她)没有听见，你会不会觉得很尴尬？

13. 你是否总是认为自己是正确的？

14. 你是否会为了证明自己的社会地位不比别人低，而花很多钱买衣服、上各种娱乐场所？

计分标准：

回答"是"的2分，回答"否"得0分，回答"不确定"得1分

测试结果分析：

11分以下：你并不是一个敏感的人。你不太爱计较，属于大大咧咧的那种人，对于别人的评价，也能一笑而过，不会放在心里。

12~19分：你是一个比较敏感的人。你有一定的警惕心理，有时候对于周围的刺激也会有反应，如果遇到有人对你有不好的评价，你会不高兴，但是这种情绪很快就会消失。

20分以上：你属于极度敏感的人，任何一点风吹草动的事情你都觉得会对自己有影响。如果有几个人正在窃窃私语，你也会觉得他们正在议论你，你的精神异常紧张，经常处于一种紧张的状态，你的表现常常让身边的人觉得你神经过敏。如果有人对你有不好的评价，你更是不得了，你会耿耿于怀，会怀疑自己或者会对评价你的人产生怨恨。

♣ 遇到挫折你会找人倾诉吗

晚上睡觉做梦，你最害怕梦见什么人？

A.对之有愧的债主

B.不欢而散的旧情人

C.长相凶恶的警察

D.严厉苛刻的老师

测试结果分析：

A.你自尊心很强，也很好面子，所以一般遇到挫折或者是被别人羞辱，你只会放在心里默默地承受，不会找身边的朋友倾诉。

B.你很敏感，别人不经意地说你几句你也会很难过，但是你也不会轻易地找人倾诉，只有你觉得可靠的值得信赖的人你才会向他(她)说心里话，这个人也一定是非常了解你的人。

C.你找人倾诉比较会挑时机和对象，你会察言观色，在确定不会打扰别人的情况下，你才会向对方吐苦水。所以，你这样的行为通常不会遭人厌烦，有时候还可以得到朋友的帮助。

D.你一遇到挫折，就恨不得马上找人倾诉。你的心里藏不住事儿，遇到什么事情都想赶紧找人絮叨絮叨，还好你身边也有能听你倾诉的朋友，他们也愿意分享你的悲喜。

你擅长与人交际吗

你在人际交往中主动吗

如果你刚刚认识一个人，在你们第一次的见面中，他的什么行为让你最无法忍受？

A 和你没什么话说，而且会避开你的眼睛，和你保持一定的距离

B 很主动地和你套近乎，和你勾肩搭背，称兄道弟，一副和你很熟的样子

C 把你当成他的听众，一直在不停地说话，完全没有给你搭话的机会

D 像调查户口一样刨根问底地问很多你的私人问题

测试结果分析：

A.你是一个表面看起来很随和的人，但是内心却很清高。你希望能和周遭人的关系很快很熟悉并融洽起来，但是因为你有这样的性格，你不愿意主动去和别人搭讪，你认为

这样会掉架子，伤自尊，你觉得你的个人魅力足以让别人先主动和你搭讪。每当需要认识新的朋友的时候，你总是在原地等待，希望能引起别人的注意，但是很多时候并不能如愿以偿，因此，你就会对对方产生反感，会莫名其妙地给对方脸色或者不搭理对方，这就会很容易得罪人。

B.你是一个善于自我保护的人，会不自觉地和陌生人保持一定的距离。你对自己的交际能力缺乏信心，对别人也心存疑虑，所以，一旦有陌生人要和你搭讪，或者你的朋友同事在没有经过你同意的情况下触碰你的身体，你会本能地迅速回避，你对他们的这种行为非常的反感，你认为这是对你的不尊重，因此你在心里会排斥他们。其实这些人并没有恶意，只是你反应太过激了而已。

C.在人际交往中，你总是处于一个被动的状态，这并不是你不会与人交际，你是属于那种慢热型的人，在与人交际的过程中，你往往会被当成听众，一般都没有说话的主动权，因此，与人交际变成了让你犯憷的一件事情，甚至是你讨厌的一件事情。如果一个人一见到你就把你当成听众，完全不给你说话的机会，你会认为这个人不尊重你，你也很反感这样的人，不愿意与他们交往。

D.你有轻微的自闭倾向，不太愿意向身边的朋友透露自己个人隐私。在人际交往过程中，如果遇到有人向你打听你的个人情况，你会非常的警惕，如果不是非常值得信任的朋友或亲人，你不会透露一点个人信息。其实有人在打听你的个人情况只是想进一步认识你，并且希望能更快地了解你。所以，如果对方也很坦诚地谈论自己，你也不妨试着放开一点，和他分享一些你的故事或者经历，也许这样你的人际关系会得到改善。

☕ 你和你周围的人关系如何

几乎每个人都有过等人的经历，不同性格的人对于等人表现出来的情绪也是不一样的，如果长时间地等人，而要等的人却迟迟不来，有耐心的人虽然无奈但是也会表现得很淡定，没有耐心的人就会着急、气愤。你自己等人的时候是什么样的呢？看看下面的选项哪一个和你等人时的表现最像吧：

A.来来回回，不停地走动，双手还不停地搓着

B.站在原地不动，但是不停地看手表

C.双臂交叉于胸前，一副很不耐烦的样子

D.双手插在口袋里，眼睛望着远处或者附近的某一个地方

测试结果分析：

A.你精力充沛，干劲十足，很讨厌办事拖拖拉拉，但是也会表现得草率、急躁，因此会经常做错事情，因为你这样的性格，经常让家人和朋友为你担心。在和朋友相处的过程中，你虽然真心诚意却又粗枝大叶，经常不太注意说话的方式，口无遮拦，心直口快，往往很容易会伤害了朋友而自己却不知道，所以，你和他人的交情一般都停留在泛泛之交的层面上，很难与别人建立深厚的友谊。在感情上，你对待恋

人的态度很诚恳，对自己的过去也能很坦白地告诉对方，同时也要求恋人能真诚地对待自己。一旦你发现自己的恋人对自己不够真诚，你会义无反顾地放弃这份感情，因为你绝对不允许自己的感情生活里存在半点隐瞒或者欺骗，因此长痛不如短痛。

B.你是一个严于律己的人！在工作中，你认真负责；在对待朋友上，你会尽心尽力，只要朋友有需要帮忙，你绝对没有二话，肯定会尽自己的能力去帮忙，可以说是一个重义气的人，正因为这样，你和朋友同事的关系都不错，人际关系良好，事业上往往也因此能取得成功。在感情生活中，你希望对方是一个落落大方、张弛有度、信守承诺、表里如一的人，但是由于你严于律己的作风，让你时刻都摆出一副一本正经的样子，这会让你的另一半很受不了！说不定会因此而离开你哟！所以，你不妨放下这副身架，让自己活得轻松一点、潇洒一点，甚至可以疯狂一点。这样的爱情才会更丰富、更完美！

C.你是一个固执己见但有很懂交往策略的人！为了达到自己目的，你往往会坚持自己的想法而摒弃他人的观点，但是你会用自己的观点把对方说得心服口服，还不招人嫉恨。你很会处理人际关系，和同事朋友关系都不错，这能让你在各方面都更加出色。但是为了更受大家的欢迎，你应该改变一下自己，在工作中应该注意收敛自己的脾气，多与同事沟通、合作，团队精神很重要哦！在感情生活里，你是一个刚柔并济的人，你很聪明，能从容地掌控自己的爱情，那种没有主见，什么事情都希望让你来做主的人很适合你哦！

D.在家里，你对家人很体贴，在外面，你对同事和朋友温柔、和气。但是你也有一个最大的缺点：原则性不强，没有主见，对别人太宽容了，对自己的观点不够坚持，因此，你身边的朋友或同学经常会认为你很软弱，好欺负。这就会让你莫名其妙地吃了不少的亏。要知道，一味的忍让并不是维持友谊和爱情的良方，偶尔发发飚，把自己的不满表现出来，对方才不会太肆无忌惮，更要记住，一味的忍让并不能赢得别人对你的尊重。

✿ 你喜欢和别人交流吗

1. **当别人和你谈论某件事情的时候，你是不是会无精打采，听不下去？**

   A.不会　　　　　　B.有时　　　　　　C.会

2. **一帮朋友在一起聊天或者玩时，你会不会经常感觉很孤单或者失落？**

   A.不会　　　　　　B.有时　　　　　　C.会

3. **与别人交流的时候，你会不会不那么坦诚地表达自己的想法，因为你会觉得别人理解不了？**

   A.不会　　　　　　B.有时　　　　　　C.会

4. **当心里烦乱的时候，你是不是需要一些自己的时间和独立的空间来整理思绪？**

   A.不是　　　　　　B.有时　　　　　　C.是

5. **假如一个你不熟悉的人和你倾诉他的苦衷以获取你的同情，你会不会掩饰不住你的厌烦情绪？**

   A.不会　　　　　　B.有时　　　　　　C.会

6. **你是不是只对几个要好的朋友倾诉自己的心声？**

   A.不是　　　　　　B.有时　　　　　　C.是

7. **在和朋友们交谈的过程中，你是不是经常跑偏，谈一些与大家合不拢的话题？**

   A.不是   B.有时   C.是

8. **当有人让你帮忙解答一些比较复杂的问题的时候，你是不是觉得没有必要说得太详细？**

   A.不是   B.有时   C.是

9. **你是不是觉得太过于表现自己是肤浅和不诚恳的？**

   A.不是   B.有时   C.是

计分标准：

选择A的1分，选择B得2分，选择C得3分

测试结果分析：

9~14分：你非常懂得交际，而且很善于与别人交谈，并且在和别人交谈的过程中很容易让气氛热烈起来。

15~21分：你属于慢热型的人。你比较喜欢和别人交朋友，但是如果你和对方不是很熟悉，一开始的时候，你话不会太多，也不会主动和对方说话，等慢慢和对方熟悉后，你就很能说，可以和对方很愉快的交谈。

22~27分：你比较孤僻，不太喜欢和别人交流，只在迫不得已的情况下才会和别人交流，那也仅仅是有需要的时候，

你不会用交流的方式来发展新朋友。如果不是有人主动和你交流，你宁可一个人生活在自己的世界里。

你能控制自己的情绪吗

你能控制自己的情绪吗

1. **你喜欢你所学的专业和你现在所从事的工作吗?**

   A. 不喜欢　　　　B.不确定　　　　C.喜欢

2. **你认为不管遇到多大的困难你都能克服,是吗?**

   A. 不是　　　　B.不确定　　　　C.是

3. **你看书看得正入迷,突然有人在你耳边大叫了一声,你会有什么表现?**

   A.很生气,过后怎么也看不下去了

   B.不一定,看心情

   C.完全不受影响,继续专心地看书

4. **你是不是很害怕凶猛的动物,尽管是动物园里被关在笼子的?**

   A. 是　　　　B.不确定　　　　C.不是

5. **你的心情不会受到天气的影响,是吗?**

A. 不是　　　　　B.不确定　　　　　C.是

6. 你身边是不是总有一些人在莫名其妙地刻意回避你?

A. 是　　　　　　B.不确定　　　　　C.不是

7. 当你到了一个陌生的城市，你是否可以准确地判断方向?

A. 不是　　　　　B.不确定　　　　　C.是

8. 走在大街上，如果你碰见那些你不愿意搭理的人，你是否会躲避他们?

A.有时候会　　　　B.偶尔会　　　　　C.基本上不会

9. 如果让你换一个全新的环境生活，你会?

A.和以前的生活完全不一样

B.不知道

C.还是和以前一样生活

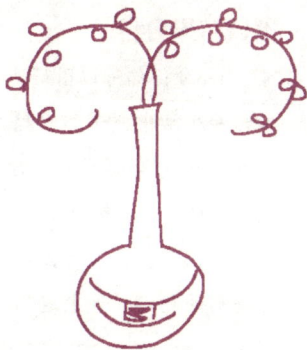

10. 你是否会无缘无故地讨厌某些东西，甚至想扔掉？

    A. 不是   B.不确定   C.是

11. 你是否认为只要朝着自己的理想前进就一定能达到目标？

    A. 不是   B.不确定   C.是

12. 在做梦的时候，情绪激动是否会影响你的睡眠质量？

    A. 经常会   B.偶然会   C.从来不会

13. 虽然你很会和人相处，但是你还是经常有挫折感，是吗？

    A. 是   B.不确定   C.不是

计分方法

    A：0分，B：1分，C：2分

测试结果分析：

    0~8分：你可以很好地控制自己的情绪。你比较沉稳，在工作和生活中，遇到问题，你能冷静地去处理，不会毛毛躁躁的。如果有些问题已经超出了你的能力范围，你无法解决，你也会很淡然地面对它。

    9~19分：你有时候会控制不住自己的情绪。你的情绪不是特别的稳定，如果遇到一些比较困难的事情，你会有点情绪失控，会比较急躁。如果你能注意稳定自己的情绪，静下来好好想想，面对很多问题，你是可以很好地解决的。

20~26分：你根本没有办法控制自己的情绪，遇到不顺心的事情或者别人和说了让你听后不高兴的话，你就很容易激动。你很容易受环境的影响，你的情绪变化很大，遇到一点事情都会让你烦躁不安，甚至会无法入眠，这样的情绪很难让你去处理一些生活中遇到的问题。所以，你平时应该注意调整心态，多想想开心的事情，要学会控制自己的情绪。

你会轻易发脾气吗

1. 你会经常发脾气吗?

　　A.我经常会因为一些小事情发脾气,虽然知道是自己的
　　　错,但是不会主动承认错误

　　B.我有时候会生气,但是过后心里会觉得后悔

　　C.我脾气很好,从来不会真的发脾气,有时候甚至觉得
　　　因为一些小事情就发脾气的行为觉得很可笑

**2. 你看电影或者电视剧的时候,看到那种生气或者愤怒的
剧情,你有什么感受?**

　　A.我很喜欢看那种愤怒的剧情,因为这些可以让我得到
　　　心里满足,但是在现实生活中我不会这样

　　B.我不喜欢看愤怒的剧情,在现实生活中也一样不
　　　喜欢

　　C.这些愤怒的剧情对我挺有用的,可以教会我怎么在现
　　　实生活中发泄心中的愤怒

3. 你生气的时候是什么样子的?

　　A.大声地吼,周围的人都能听见

　　B.不说话,安静地离开现场

　　C.虽然很烦躁,但还是努力压住心中的怒火

176

4. 如果别人对你发脾气，你会怎么应对?

A.我会想办法躲开他(她)，或者和他(她)和解

B.我会先听他(她)把话说完，把怒气都发泄完平静下来

后，再好好地跟他(她)聊聊

C.我会和他(她)当面对峙，看谁吵得过谁

5. 如果对方说话伤到了你，你会怎么样?

A.我会闷着，很长时间不愿意说话

B.当时就回击他(她)，让他(她)知道我不是好欺负的

C.心里非常的痛苦，再也不想提起这件事情

计分标准：

1. A: 5	B: 3	C: 1	
2. A: 3	B: 1	C: 5	
3. A: 5	B: 1	C: 3	
4. A: 1	B: 3	C: 5	
5. A: 3	B: 5	C: 1	

测试结果分析：

5～10分：你不会发脾气，被大家认为是没脾气的人。你不会发脾气也害怕发脾气，同时也别人发脾气，你喜欢那种祥和的氛围，不喜欢争争吵吵。

11～17分：你虽然心里也会有愤怒，但是你比较理智，能控制自己尽量不要对别人发火，你能把自己心中的怒气转换成别的方式表达出来，尽量不和别人发生冲突。

18分以上：你有时候没有办法控制自己的脾气，很容易生气，并且生起气来完全不会照顾别人的情绪，容易让人感到害怕。

♠ 你能控制自己的愤怒情绪吗

1. 你会和你的家人或者朋友吵架吗?

A.经常会

B.有时候会

C.从来不会

2. 你觉得朋友之间交谈是不是应该真心实意的?

A.是的，必须这样

B.不，真心话应该藏在心里

C.如果会有不好的影响，可以不说真心话

3. 和自己的家人吵架的时候，你会摔东西吗?

A.有时候会

B.生气到极点的时候会

C.从来没有摔过

4. 你做了一件事情，你知道这件事情会激怒你的朋友或家人，但是你觉得没有做错，你会告诉他们吗?

A.什么也不说

B.委婉地告诉他们，就让他们生气吧

C.理直气壮地告诉他们

5. 如果你的家人为了一个问题不停地唠叨你，你会：

A.发脾气，但是会很快平静下来

B.会和他们吵架

C.能忍就忍着，说太多次了忍不住就会生气

6. 你觉得朋友之间吵架会破坏友谊吗？

A.会的

B.不会啊，如果是合理的争吵时可以增加感情的

C.朋友之间吵吵闹闹是不可避免的

7. 如果你在外面受气了，回到家你会不会将这个怒气转嫁到你的家人身上？

A.绝不会

B.经常这样做

C.不想这样，但是有时候控制不住自己

8. 你买了一件贵重的东西，但是没多久没坏了，你会怎么办？

A.给卖家打电话，要求退货

B.要求赔偿

C.给卖家写一封言辞激烈的信或者打电话痛骂一顿卖家

9. 你正要去乘车，到检票口的时候，你前面有一个人因为没找到票，半天进不去，害你也错过了乘车，你会怎

么办?

A.很气愤,但是什么也没说

B.直接和那个说他耽误了你乘车

C.很无奈地不了了之

10. 半夜三更,邻居家的音乐声又把你从梦中吵醒了,这已经不是第一次了,你这时会怎么做?

A.直接去他家敲门,让他小点声儿

B.第二天早上在他家门口贴张纸条,提醒他

C.非常生气,但还是继续睡觉

11. 你去电影院看电影，但是你发现这部电影一点也不好看，你会怎样?

A.中途退场，不看了

B.虽然不好看，但是还是坚持等电影放映完才走

C.在公共场合表示自己对电影的不满

12. 你正常排队买票，这时候有一个人在你前面加塞儿，你会怎么办?

A.拍拍他，让他到后边去排队

B.瞪他一眼，什么也没说

C.不停地在那大声抱怨

13. 你在一家高级餐厅用餐，服务员不小心将菜汤洒在你的裤子上了，你会怎么做？

A.真心地和他说"没关系"

B.嘴上说"没关系"，但是心里很生气

C.把服务员臭骂一顿，让他赔我的裤子

14. 你和医生预约好了9点到医院看牙，到了医院后等了半小时还没看上，你今天还必须得去办别的事情，你会怎么做？

A.既然来了，就继续等

B.和医生说明情况，然后重新再约一个时间

C.很生气地离开

15. 你去商场买东西，但是售货员对你态度很不好，你会怎么做？

A.不计较，觉得他可能是今天心情不好

B.觉得很尴尬，决定以后再也不来这买东西了

C.用同样的态度回敬他

16. 在公共场合，一个陌生人和你吵了起来，你会怎么做？

A.不理会他

B.克制自己的情绪，不发脾气

C.告诉他你认为他有多坏

计分标准：

1. A: 5	B: 3	C: 1
2. A: 5	B: 3	C: 1
3. A: 5	B: 3	C: 1
4. A: 1	B: 3	C: 5
5. A: 3	B: 5	C: 1
6. A: 1	B: 5	C: 3
7. A: 1	B: 5	C: 3
8. A: 3	B: 1	C: 5
9. A: 1	B: 5	C: 3
10. A: 5	B: 3	C: 1
11. A: 3	B: 1	C: 5
12. A: 3	B: 1	C: 5
13. A: 3	B: 1	C: 5
14. A: 1	B: 3	C: 5
15. A: 3	B: 1	C: 5
16. A: 1	B: 3	C: 5

测试结果分析：

39分以下：当你心里有怒气的时候，你能够压抑住自己的怒气，不会发泄出来。

40~59分：如果有人惹怒你了，或者是某件事情让你不高兴了，你不会随意的发火，你能控制自己的愤怒，让心中的怒气适当的发泄出来。

60分以上：你很难控制自己的愤怒，只要遇到让你动怒的事情，你不会理会他人的劝说也不会照顾他人的面子，你会毫无顾忌地在公共场合发泄愤怒。

你是迎难而上还是知难而退

你是怎么面对困境的

假如你有机会乘着降落伞从天而降，你希望在什么地方降落？

A.草原

B.湿地

C.山顶

D.楼顶

测试结果分析

A.你是一个中规中矩的人，过着有规律的生活，你希望自己的生活平平静静，一帆风顺。如果遇到不顺心的事情，你会尽自己的能力让自己维持在一个规矩的生活步调上。

B.你是一个能够逆来顺受的人。面对生活上的不顺心，虽然你也会想办法去寻找一个平衡点，但是往往没有办法去扭转这种状态，因此也只好随波逐流了。

C.你喜欢改变，困难对你来说也是一个新的挑战，新的转机。所以每当遇到困难的时候，你都能够勇敢地面对，并且转危为安，顺利地渡过难关。

D. 你是一个积极向上的人，你喜欢成功。每当你身处逆境的时候，你都会凭着自己的智慧和耐力去扭转乾坤，让自己的生活和事业更上一层楼。

❀ 你能应对挫折吗

1. 每当遇到难题的时候，你会有什么表现?

A.没有信心，觉得自己肯定处理不了

B.会想办法去解决问题

C.介于A、B之间

2. 每当遇到让你担心的事情时，你会:

A.没有心思工作

B.可以很好的应对这件事情

C.介于A、B之间

3. 遇到困难时，你会怎么想?

A.觉得很烦躁，很讨厌

B.觉得这是一个挑战的机会

C.介于A、B之间

4. 工作不顺心的时候，你会怎么表现？

A.非常急躁，什么也做不成

B.会静下心来想想问题出在哪儿，该怎么解决

C.介于A、B之间

5. 面对失败，你会怎么做？

A.破罐子破摔，一蹶不振

B.从哪里跌倒从哪里爬起来，重整旗鼓

C.介于A、B之间

6. 假如你在一个恶劣的环境中工作，你会：

A.没有办法好好工作

B.克服困难继续工作

C.介于A、B之间

7. 如果你在工作中感觉疲惫了，你会：

A.总会想着疲劳，以至于脑子不好使

B.停下来休息一段时间以后就好了

C.介于A、B之间

8. 如果领导要给你安排了一个很困难的任务，你会：

A.找理由推脱

B.很爽快的接下并想办法干好

C.介于A、B之间

9. 假如你遇到一个很讨厌的竞争对手，你会：

A.没有办法去应对

B.很自然地去应对

C.介于A、B之间

10. 当你在执行某个计划的过程中遇到问题时，你是怎么做的？

A. 放弃执行

B. 继续执行

C. 找人帮忙解决问题后在继续

11. 在工作过程中，每当你产生自卑感时，你会：

A.不想再继续工作

B.收拾心情，调整心态后努力工作

C.介于A、B之间

12. 你自信吗？

A. 不是很自信

B. 非常自信

C. 比较自信

13. 每次遇到挫折的时候，你能自己解决吗?

A. 大部分都解决不了

B. 大部分自己解决

C. 有一部分能解决

14. 过去一年中，你受过几次挫折?

A. 5次以上

B. 3-5次

C. 3次以下

计分方法：

选A得0分，选B得2分，选C得1分

测试结果分析

8分以下：你应对挫折的能力很差。

9~18分：你有一定应对挫折的能力，但是遇到某些挫折你也会退缩。

19分以上：你具有很强的应对挫折的能力。

♠ 你的内心有多脆弱

如果你走在路上，正好路过一个建筑工地，不幸被工地上的铁条绊倒了，以你的第一直觉，你会怎么做？

A.很生气地找工地的负责人理论

B.虽然生气，但是还是很淡然地继续走，过后申请赔偿。

C.拍拍身上的尘土，自认倒霉就这么算了

答案分析：

选择A，你的内心非常的脆弱，不堪一击！从表面上看，你在平时的工作和生活中表现得都还不错，但是一旦独自一人，脑子里就会胡思乱想。如果在工作和生活中遇到困难有压力时，就会很想逃避，甚至一个人偷偷地哭泣。

选择B，你外表坚强，内心脆弱。表面上你往往让人看起来很坚强、很乐观，好像什么事情都难不倒你，但其实你的内心深处很脆弱，你只有在最亲密的人面前才会显露出来这种脆弱。

选择C，你是一个越挫越勇的人。当你面临困难和挑战的时候，你绝对不会低下头，你会鼓起勇气去面对，去解决。你相信，只要勇敢地去面对，一定能战胜困难和挫折。因此，困难越大你反而会越坚强。

你能听懂冷笑话吗

你有幽默感吗

1. **你是否喜欢搞恶作剧?**

   A.是　　　　　　　B.不确定　　　　　C.不是

2. **你是否经常大笑?**

   A.是　　　　　　　B.不确定　　　　　C.不是

3. **在工作中你是否喜欢开玩笑?**

   A.是　　　　　　　B.不确定　　　　　C.不是

4. **你是否喜欢看笑话书?**

   A.是　　　　　　　B.不确定　　　　　C.不是

5. **你是否会讲黄色笑话?**

   A.是　　　　　　　B.不确定　　　　　C.不是

6. **平时别人说笑话,你是否能听懂?**

   A.是　　　　　　　B.不确定　　　　　C.不是

7. 走在路上，你看到有人踩到西瓜皮摔倒了，你是否会笑?

    A.是   B.不确定   C.不是

8. 你觉得你有时候会让人发笑吗?

    A.是   B.不确定   C.不是

9. 你是否每天至少要大笑一次?

    A.是   B.不确定   C.不是

10. 你是否很少感到尴尬?

    A.是   B.不确定   C.不是

11. 你是否曾经喝醉过?

    A.是   B.不确定   C.不是

12. 如果你被雨淋了，你是否会笑?

    A.是   B.不确定   C.不是

13. 你是否会在晚会上梳奇怪的发型，穿奇怪的衣服?

    A.是   B.不确定   C.不是

14. 你是否会嘲笑自己?

    A.是   B.不确定   C.不是

15. 在艺术展上看见一个裸体雕塑，你会微笑吗?

    A.是   B.不确定   C.不是

16. 你春风得意的时候是否栽过跟头?

    A.是   B.不确定   C.不是

17. 你是否觉得马戏团的小丑好笑?

    A.是   B.不确定   C.不是

18. 你是否喜欢看喜剧电影?

    A.是   B.不确定   C.不是

19. 遇到不顺心的事情, 你是否会自我嘲笑?

    A.是   B.不确定   C.不是

20. 你是否经常感到局促不安?

    A.是   B.不确定   C.不是

21. 相比惊悚电影, 你是否更喜欢看喜剧电影?

    A.是   B.不确定   C.不是

22. 观看讲述艰苦时期的老电影你是否会发笑?

    A.是   B.不确定   C.不是

23. 搞完恶作剧之后, 你是否会发笑?

    A.是   B.不确定   C.不是

24. 想到以前曾经听过的笑话, 你是否会发笑?

    A.是   B.不确定   C.不是

25. 你是会否希望自己成为一名喜剧明星?

    A.是   B.不确定   C.不是

计分方法：

回答"是"得2分，回答"不确定"得1分，回答"不是"得0分

测试结果分析：

17分以下：你是一个比较内向的人，大多数时候也很严肃，你不喜欢参加那种无聊的聚会，不喜欢一帮人在一起无缘无故的大笑取笑。但是，如果遇到一些确实让你觉得很搞笑的事情，你也会禁不住的笑出声来，只是你很少在人前表现你的这一面。

18~35分：你具有一定的幽默感，你不会在别人处于逆境的时候用幽默的方式去挖苦别人，你会照顾到别人的情绪，你的幽默感一般只用于那些真正让你觉得发笑的事情上。

26~50分：你很有幽默感，你是一个天生的乐天派，生活中的很多事情你都觉得很好笑，以至于有的时候你不太分场合的发笑，这样很容易伤到别人。

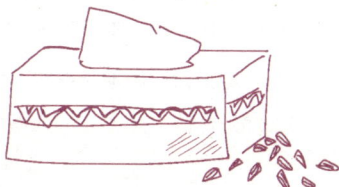

你是个 "爱情木头人" 吗

爱情中主动还是被动

请回答下列问题，同意回答"是"，不同意回答"否"。

1. 你是不是最喜欢夏天?

2. 你是一个急性子吗?

3. 你是否经常换发型?

4. 你的食欲很好是吗?

5. 你喜欢刺激的运动项目是吗?

6. 你更喜欢暖色系的颜色是吗?

7. 你不喜欢听别人的意见是吗?

8. 你是否可以很快地走出失恋的阴影?

9. 你是否有脚踏两只船的现象?

10. 你交往过的对象是否不超过三个?

11. 你是否会更多地考虑对方的感受?

12. 你是否认为恋爱中的人智商等于零?

13. 恋爱中，是否都是你主动向对方表白的?

14. 你是否认为好朋友很难发展成为恋人?

15. 有恋人后，你是否会以 他(她)为生活的中心?

16. 遇到不高兴的事情，你是否能睡一觉就忘掉了?

17. 你是否喜欢各种节日或者参加各种宴会?

18. 你是否觉得性生活和谐在恋爱中是很重要的?

19. 就算你知道没有什么机会，但是你还是会默默地喜欢对方?

20. 你在上学的时候很喜欢回答老师的提问，就算没有把握。

测试结果分析：

5个"是"以下：你在爱情中表现得很被动。你不会对自己喜欢的人表达爱慕之情，在恋爱过程中，你不会主动给对方打电话，也不会表现出很在乎对方的样子，你总是一副消极的姿态。因此，你的感情通常维持不久，除非遇到一个能接受你这种态度的人。

6~10个"是"：你对别人的爱情很积极，但是对自己的感情却表现得很消极被动。对于身边朋友的恋爱，你会表现得很主动，你给他们出主意，提出各种意见或者建议。但是，对于自己的恋情，你也没有那么积极，就算是朋友给你建议，你也不会轻易接受。

11~15个"是"：如果有朋友帮助，你会在恋爱中表现得主动。你平时只会在脑子里想在恋爱中怎么去表现，但是一旦要付诸行动，你就会退缩。如果这个时候又朋友推你一把，你就会有勇气主动地表现。

16个"是"以上：你是一个在恋爱中非常主动的人，只要有喜欢的人你就会大胆地向他(她)表白。

你为什么会求爱失败

如果你是马戏团里的小猪，你会选择表演什么节目?

A.小猪算数学

B.小猪跳芭蕾

C.小猪跳火圈

测试结果分析

A.你在恋爱中很被动，你经常认为两个只要感觉对了就可以了，可以让对方在交往中慢慢地感受到你的爱意，不需要表白，也不需要有亲密的肢体动作，可是大部分人都不会只满足于对爱的感受，他们需要更一步地交往来享受爱情，所以，像你这样止步于感觉的恋爱是不被大多数人认可的，这正是你求爱失败的原因。

B.你往往会生活在自己的世界里，做事情完全凭自己的感觉，不会顾及对方的感受，所以你经常会做出一些让对方觉得莫名其妙的事情；你没有情趣，而且不懂得怎么表白才能获得对方的认可。

C.你表现得太强而且太自信，让对方非常有压力，这也是你求爱失败的原因。如果你不做出让步，总是表现一副高高在上的姿态，让对方完全没有一点喘气的空间，那你的求爱是不会成功的。

♠ 遇到喜欢的人你会主动表白吗

如果你的房间窗户正对着大海，你会给窗户配上什么颜色的窗帘？

A.白色 B.黄色 C.蓝色 D.红色

测试答案分析

选择白色——你是一个很随和的人，和你在一起会觉得很舒服，但是有时候你只会一味地迁就对方，对方怎么说你就怎么做，你不太有主见，所以，就算是你喜欢上了某个人，你也不会主动地表白，只是在等待，期待对方能感受到你的爱意。所以，你经常会错过好的机会。

选择黄色——你个性开朗，喜欢和自己有共同爱好的人交朋友，不管是同性朋友还是异性朋友都能真诚地交往。对于自己喜欢的异性，有时候你也会像对待哥们儿一样，总不能下定决心把他(她)变成恋人，但是又保持着暧昧关系。

选择蓝色——你不会直接向喜欢的人表达爱意，你会先通过赞美对方来博得认可，在过后的接触过程中，慢慢地展现自己，让对方产生好感，可以说，你比较倾向于日久见真情。

选择红色——遇到自己喜欢的人，只要有机会你就会向他(她)表白。你不会考虑太多，就算对方有可能拒绝，你也要告诉他(她)你的想法。敢于表白是好的，但是也要注意分寸，如果把对方逼得太死，有可能会遭对方厌恶。

你会说甜言蜜语吗

你会取悦别人吗

1. 如果你感冒了，你会坚持上班吗?

A.吃点感冒药，然后坚持上班

B.借机向领导请假，在家休息几天

C.赶紧治好后上班

2. 如果一个朋友和你说了一件很有意思的事情，你会:

A.立刻和另外的朋友分享

B.笑完就没事了，不会和别人分享

C.放在心里

3. 如果你听到别人在背后议论你，你会怎么做?

A.很生气，找议论你的人理论

B.当作没听到，不放在心里

C.觉得很有意思

4. **你对你朋友的癖好很感兴趣，你认为是什么原因呢?**

　　A.你也有同样的癖好

　　B.觉得他(她)是癖好与众不同，很有意思

　　C.觉得他(她)就因为有这个癖好才可爱

5. **你知道你的一个朋友最近获得了一个荣誉，有一天你在路上看见他(她)，你会对他(她)做什么?**

　　A.走上前去祝贺他(她)，并赞美他(她)

　　B.话里有话地讽刺他(她)不择手段

　　C.绕道走，避免和他(她)碰面

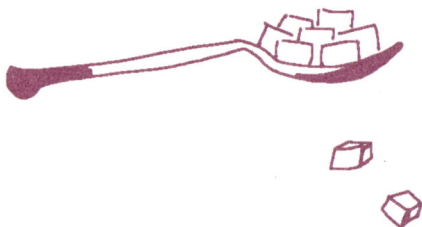

6. 你恋人的一个同事邀请你们俩一起去参加他的生日 PARTY（聚会），但是你不是很喜欢他(她)，你会怎么做?

A.高兴地去参加PARTY

B.拒绝他(她)的邀请

C.心里不是很乐意，但还是装着很高兴地去参加PARTY

7. 你为别人做好事后，你会有什么想法?

A.觉得别人过得好就行了

B.希望能得到别人的报答

C.什么也不想

8. 你们部门的一位同事生病了，你会怎么做?

A.有时间去看看他(她)

B.生气地抱怨，因为自己要承担他(她)的工作

C.给他(她)打电话问候一下

9. 你和朋友一起去旅游，你通常喜欢有几个同伴一起去？

A.最少得三个，多点更好，热闹

B.一个就好了

C.最多两个

10.你会选择什么性格的人成为你的另一半？

A.沉默寡言的

B.开朗幽默的

C.争强好胜的

11.你发现和你一样资历的同事，工资比你低，你会有什么？

想法

A.觉得不公平

B.觉得自己很有优越感

C.什么想法都没有

12.你会为了保存友谊不惜牺牲自己吗？

A.会的

B.不会，我没有那么伟大

C.不好说，看情况而定

计分标准：

选择A得10分，选择B得1分，选择C得5分

测试结果分析：

40分以下：你不会取悦他人，你也不太会说话，属于比较我行我素的人。

41~80分：你在取悦别人这方面有一定的能力，但是并不是很强，在人际交往上还不能做到游刃有余。

81~120分：你是一个非常会说话的人，大家都很喜欢你，因为你总是能把别人说得很开心。在感情生活中，你很会取悦你的另一半，经常会向对方说一些甜言蜜语。在工作中，你也能讨同事和领导的喜欢。但是，你的这种能力也得有个度，如果过分了就会让人感觉你是一个油嘴滑舌的人。

🍎 你会说谎吗

　　在童话世界的森林里，有一棵有吃人的大树，你觉得这棵树是通过什么方式吸引人走近的？

　　A.守株待兔，等着好奇的人走近

　　B.利用森林里飞翔的小鸟使者

　　C.枝叶散发迷人的香气

　　D.模仿恋人的声音

　　E.用美妙的歌声

测试结果分析：

　　A.你不会说谎，一般有什么事情你都会照实说出来，从来不隐瞒，也正因为你不爱说谎，所以你很讨厌别人欺骗你。在感情上，如果恋人的花言巧语一旦被你识破，他(她)在你心中的地位立刻就会一落千丈。

　　B.如果你要说谎，你会找各种借口，并且会把问题都推到他人的身上。但是往往很多时候站不住脚，一旦有人和你当面对质，你就很难自圆其说。

　　C.你是一个不善于说谎的人，每当你正要说谎，很快就会被别人看穿，所以，虽然你不会编谎话，在和别人接触的过程中并不会让人产生厌恶感，有时候反倒让人觉得你挺可爱的。

D.你是一个说谎高手，你说谎的时候表现得很严肃认真，一般人很难看穿你的谎言，所以，很多时候你都可以蒙混过关。

E.你是一个很会夸大事实的人。你经常会把一件很普通的事情说得天花乱坠，很容易让人产生误解。

第四章
承受能力心理测试

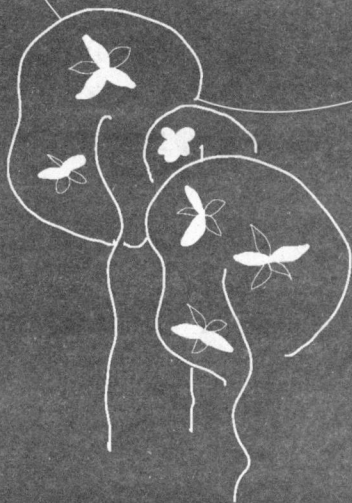

你能接受上司的训斥吗

你会被炒鱿鱼吗

根据你的实际情况回答下列问题，符合回答"是"，不符合回答"否"。

1. 以前你经常会因为工作出色收到上司的表扬，现在你完成一项任务，是否很少得到上司的表扬了？

2. 你给部门提出一些改进的意见，这些意见是否经常石沉大海？

3. 你们公司今年又开始调薪，你去年业绩不错，但是今年却没有得到加薪，你是否会发牢骚？

4. 公司最近有关于你的重要决定，领导层并没有向你透露，你认为他们见到你的时候是否会绕道而行？

5. 在你的办公室里，是否有准备挖掘"黑色隧道"(你在职场中遭遇的所有让你厌恶的现象)的办公室小人？

6. 你在公司里算是一个很有能力的人，周围也有很多人嫉妒你，你觉得这些人当中是否有和领导关系亲密的人？

7. 你上班是否经常偷偷用QQ说私人的话题？

8. 你是否是那种只会埋头苦干的人？

9. 你在公司是一个业务精英，但是有好的差事领导经常不分配给你，而是给你一些低级别的工作，是吗？

10. 你觉得工作很没有意思了，你是否会和身边的人抱怨？

11. 你和你的上司关系融洽吗？

12. 最近你们公司是否有管理层的人事变动？你认为你是新管理层的备选人吗？

13. 如果以前你一直被邀请参加公司的一些重要决策，你认为现在你是否还会被邀请？

14. 你的上司对你的态度好吗？

15. 你们公司每当作重要决策的时候，会征求你的意见吗？

16. 公司正在培养你成为某个重要职位的接班人，领导和你说你将会是下一个人选，你相信这个承诺吗？

17. 你们部门开会，领导就某一问题让大家提点建议，你给领导提了一个建议，你认为领导会认同你的建议吗？

18. 你是否认为你目前的岗位除了你没有人能胜任？

19. 你和你的团队在工作上配合是否默契？

20. 你是一个具有敬业精神的人吗？

计分标准：

1~10题回答"是"得0分，回答"否"得1分；11~20题回答"是"得1分，回答"否"得0分

测试结果分析：

0~7分：你目前在公司的处境非常不好，极可能被炒鱿鱼。如果你没有意识到自己的不足而及时改正，那就很危险了。

8~14分：你会不会被炒鱿鱼现在就在于你的一念之差，如果你努力去争取，就会留下来继续工作，如果你仍然执迷不悟，那只有被炒掉的可能了。

15~20分：你暂时不会被炒鱿鱼。你目前的工作状态都还不错，但是也不能大意，你仍需努力，不然总有一天你也会面临被炒鱿鱼的困境。

☕ 你的上司对你满意吗

在一个胡同里发生了一起命案，受害人是一位年长的老奶奶，如果你是一名神探，你认为凶手是使用什么凶器的？

A.水果刀

B.斧头

C.菜刀

测试结果分析：

A.你很机灵也很聪明，所以你的上司很喜欢你，你工作认真，人际关系良好，很受领导器重。

B.你在工作上很认真，但是性格比较大大咧咧，在生活上经常会犯迷糊，所以领导对你是又爱又恨。

C.你在工作中表现得很差，经常笨手笨脚，脑子也不灵活，像你这样的人，随时有被领导炒掉的可能。

你能接受多大强度的工作压力?

你承受压力的心理素质如何

1. **你参加朋友的婚礼,在婚礼进行过程中,朋友突然邀请你上台发言,你毫无准备,你会:**

   A.硬着头皮上台,但是非常紧张,手腿一直在颤抖,说话结结巴巴

   B.感到很荣幸,并从容地上台做一个简短发言

   C.淡淡地一笑,并谢绝发言

2. **你去餐馆吃饭,用餐完毕后正要结账,忽然发现身上带的钱不够而且也没有带卡,这个时候你会:**

   A.脸顿时就全红了,非常尴尬

   B.很淡然地自嘲一下,然后对服务员实话实说

   C.一遍遍地把身上的口袋掏个遍,拖延时间

3. **你上班路上开车闯红灯,被警察拦住,眼看着上班就要迟到了,但是警察还在不紧不慢地,迟迟不给你一个处**

理结果，这时你会：

A.在原地干着急，但也不知道怎么办才好

B.很客气、友好地向警察连连道歉

C.不解释，该怎么处理就怎么处理

4. **假如你乘坐公共汽车时忘了买票，下车前售票员查票时被发现了，你的反应是：**

A.很尴尬，脸红，出冷汗

B.很冷静，不慌不忙，接受售票员处理

C.心里很尴尬，但是表面上强作微笑

5. **你乘坐的电梯突然出故障了，你被困在里面出不来，而且电梯里只有你一个人，你会：**

A.吓得脸色发白，内心充满恐慌

B.想办法自救

C.耐心地等待救援人员

6. **你走在路上，这时迎面有个人像老朋友似的跟你打招呼，但你一点也记不起他（她）是谁，此时你：**

A.装作没听见，不答理

B.直接跟他（她）说记不起他（她）是谁了

C.瞪他（她）一眼，什么也不说

7. 你从超市里走出来，忽然发现自己还有没有付款的商品，此时一个很像保安人员的人朝你走过来，你会怎么办？

A.惊慌失措，心跳加速

B.主动向他解释

C.迅速转身朝付款台去补付款

8. 假设你从国外回来，行李中携带了超过规定的烟酒数量，海关官员要求你打开行李箱检查，这时你会：

A.非常害怕，两手发抖

B.泰然自若，听凭检查

C.与海关官员争辩，拒绝检查

计分方法：

选A得0分，选B得5分，选C得2分

测试结果：

1.0~25分：你承受压力的心理素质比较差，很容易失去心理平衡，变得窘促不安，甚至惊慌失措。

2.25分~32分：你的心理素质比较强，性情还算比较稳定，遇事一般不会十分惊慌，但有时往往采取消极应付的态度。

3.32~40分：你的心理素质很好，几乎没有令你感到尴尬的事，尽管偶尔会失去控制，但总体来说，你的应变能力很强，是一个能经常保持镇静，从容不迫的人。

🖐 你的性格抗压度高吗

请以你的第一反应回答一下问题，只需回答"是"或"否"。

1. 你在休假的时候是否会感觉无聊?

2. 做同样的工作，你是否会比别人用的时间多?

3. 你是否会带病上班?

4. 你是否讨厌处理人际关系?

5. 你是否会先做好缜密的旅行攻略后才会出发?

6. 你参加各种比赛的时候，你是否会想尽办法去赢?

7. 你是否很守时?

8. 你是否觉得周六早晨比周日更放松?

9. 如果让你安排一些大型的活动，你是否经常都很谨慎?

10. 你的业余时间是否都是和同一个朋友一起过的?

11. 你觉得和朋友在一起比和家人在一起更容易沟通，是吗?

12. 你不认为工作比在家呆着好，是吗?

13. 你很讨厌那种等人的感觉，是吗?

14. 你的朋友认为你很难相处，是吗?

15.你觉得你身边的同事都没有进取心，是吗？

16.在紧张的状态下，你是否能先弄清楚事情的原因，再解决问题？

17.你从来不喜欢在宴会上和别人交谈，是吗？

18.你的大部分好朋友是否和你从事一样的职业？

19.你平时是否都是看一些和你工作相关的书籍？

20.和朋友交往的过程中，你是否总喜欢提及自己的工作？

积分原则：

回答"是"得1分，回答"否"得0分

测试结果：

0~10分：你的性格抗压度不是很高。你喜欢悠闲散漫的生活方式，你兴趣广泛，但是更喜欢漫步。你很有耐心，不急不躁，你会花很多时间去思考一个问题，你不喜欢和别人竞争。

11~20分：你的性格抗压度很强。你喜欢挑战，喜欢追求一些不切实际的东西。你没有耐心，讨厌做事情拖拖拉拉，讨厌拖延时间，觉得浪费时间有负罪感。你喜欢激烈的竞争，在工作中希望得到晋升。

✑ 面对压力你有什么表现

1. 你可以在短时间内的消除压力吗?

　　A.面对压力，我无能为力

　　B.我压根儿没有压力

　　C.我可以通过一些娱乐活动消除压力

　　D.我很难消除压力，但是我不会把压力表现在脸上，我
　　　让人看起来还是很轻松的

2. 你能很快适应一个新的工作环境吗?

　　A.能，我能很快地融入到新的工作环境中，并且能很快
　　　地接手工作

　　B.我无所谓，到哪儿都一样

　　C.到了一个陌生的环境，我会比较的紧张

　　D. 刚换一个环境，我一开始会比较不适应，时间长了就
　　　好了

3. 你对自己现在工作满意吗?

A.不满意，但是也得干着

B.我比较容易满足，做好本职工作就好了

C.工作就是为了生活而已

D.不满意，我可以找到更好的工作

4. 你觉得什么给你带来的压力最大?

A.我觉得什么都有压力

B.人际关系方面

C.金钱方面

D.工作

5. **你看重人际关系吗?**

A.我只和我的好朋友联系多一些,其他人无所谓

B.我和同事不会成为朋友

C.就算我不喜欢的人,我也不会不搭理

D.我很看重人际关系,希望和很多人都能处理好关系

6. **你每个月都有房贷,你有担心过钱不够花吗?**

A.是的,压力很大,早知道就不买房了

B.还好了,就是月底的时候有点担心

C.不担心,实在不行就把房子卖了好了

D.我觉得没什么,有压力才有动力

7. **身边的同事又被领导找谈话了,你有什么想法?**

A.很同情他(她)

B.很担心他(她),也希望能帮助他(她)

C.他(她)也就那个能力了,谈话也没有用

D.我会很难受,感觉是自己也被谈话了一样

8. **如果你是一个销售人员,领导给了你一个很高的销售目标,你会怎么想?**

A.会觉得自己很难完成,但是会去尽力

B.觉得简直就是一个完不成的数字,心里烦躁不安

C.不怕,目标越高我越有干劲

D.管它呢,自己按部就班的干就好

9. 你认为年龄差距有产生代沟吗?

A.不会，我觉得任何一个年龄的人都可以交流沟通

B.是有代沟，但是不一定是因为年龄产生的

C.是的，不是一个年代的根本就无法相互了解

D.虽然有不同的想法，但是还是应该相互配合的

10. 如果有人伤了你的自尊，你会怎么回敬他(她)?

A.我会怀疑自己是不是真的做错了

B.我虽然不高兴，但是我会忍着不生气

C.我会很生气，但是我不会当面对峙，我过后会报复

D.我会以牙还牙

11. 如果单位给你分配了一项无聊的工作，你会怎么办?

A.想想别的事情，放轻松

B.谨慎小心地干，以免出错

C.尽早地干完

D.慢慢地做

12. 早晨起床感觉有一点点感冒，你会请假不上班吗?

A.会，在家休息顺便还可以做点自己的事情

B.不会，就一点感冒而已

C.挺纠结的，想去上班，但是又怕会加重感冒

D.虽然想在家休息，但是还是去上班了

计分标准

1	2	3	4	5	6	7	8	9	10	11	12	所属类型
C	A	D	D	A	D	B	C	A	D	C	B	A型
B	B	C	C	B	C	C	D	B	C	A	A	B型
D	D	A	B	C	B	A	A	D	B	D	D	C型
C	C	B	A	D	C	D	B	C	A	B	C	D型

测试结果分析

A型：你会把压力变成动力。因为你对自己非常有信心，而且喜欢挑战，你认为压力能让自己更有干劲。你喜欢交际，喜欢帮助别人，是一个个性开朗的人。

B型：你是一个性格内向的人，以个人为中心，经常沉浸在自己的世界里，很少会关心其他人，觉得别人的事情与你无关，别人不会给你带来压力，倒是你经常别人带来压力。

C型：你是一个内心压抑的人，遇到压力，你不会表现出来，你会把压力带来的苦恼和焦虑都积压在心里，你总会在朋友面前表现出一副若无其事很轻松的样子。如果有人看到你发泄心中的不满，那一定是你喝多了。

D型：你面对压力表现比较强烈。因为你对自己的能力信心不足，所以对很多事情都充满了担忧，一旦有压力，你会不知所措，惶恐不安。

你的沮丧周期是多久

你心理受伤后会有什么表现

你最近工作很忙，连续加班一个星期，好不容易有个周末，想好好地休息休息，这时候你的一位朋友给你打电话约你去郊区玩，你不好推托，你希望听天由命，看看周末天气再定。周末一大早醒来，你希望是一个什么样的天气?

A.晴天，但是空中有许多小云朵

B.乌云笼罩，快要下雨的闷热天气

C.阴凉的天气，天空有云

D.晴朗，万里无云的天气

测试结果分析

A.你是一个很单纯的人，你会装着什么事情也没有发生，假装坚强起来，有时候你会利用一时的快乐来忘记痛苦，但是，一旦触碰到相关的东西，伤痛又会油然而生。

B.解铃还须系铃人这句话用在你身上再合适不过了。你外表看着坚强，但是内心却非常的脆弱，而且很倔。遇到伤心事，你不愿意和别人沟通，你也听不进别人的劝慰，除非是你自己想通了，要不然谁也别想把你说通。

C.你是一个很重感情的人，每当遇到伤心事，虽然你很想转移注意力不去想，但是往往事与愿违，你会想着离开你的伤心地，一个人去个陌生的没有人认识你的地方，但是，这也只是暂时的，并不能真正地解开你的心结。

D.每当遇到伤心事，你最先想到的就是逃避，你很难第一时间去正视你遇到的问题，你会用各种方式来麻醉自己，尽量不让自己想起这件事情，对你来说，时间是疗伤的良药，时间会冲淡一切，不过，这个时间并不会太短。

你遇到最棘手的事情是什么

你求职失败的原因是什么

1. 你每天会花很多时间来学习专业知识吗?

是……………………………请移至第3题

否……………………………请移至第2题

2. 回顾你的大学生活,你觉得你过得是否有些颓废?

是……………………………请移至第5题

否……………………………请移至第4题

3. 你经常会给自己放假吗?

是……………………………请移至第4题

否……………………………请移至第5题

4. 你有很多业余爱好吗?

是……………………………请移至第8题

否……………………………请移至第7题

5. 你是否有过疯狂追星的经历?

    是⋯⋯⋯⋯⋯⋯⋯⋯⋯⋯⋯⋯ 请移至第6题

    否⋯⋯⋯⋯⋯⋯⋯⋯⋯⋯⋯⋯ 请移至第7题

6. 你经常参加演讲、主持类的活动吗?

    是⋯⋯⋯⋯⋯⋯⋯⋯⋯⋯⋯⋯ 请移至第10题

    否⋯⋯⋯⋯⋯⋯⋯⋯⋯⋯⋯⋯ 请移至第9题

7. 你平时说话的语气是否很不温柔?

    是⋯⋯⋯⋯⋯⋯⋯⋯⋯⋯⋯⋯ 请移至第11题

    否⋯⋯⋯⋯⋯⋯⋯⋯⋯⋯⋯⋯ 请移至第8题

8. 你是一个谦逊的人吗?

  是…………………………………… 请移至第9题

  否…………………………………… 请移至第10题

9. 你是否觉得什么事情都难不倒你?

  是…………………………………… 请移至第10题

  否…………………………………… 请移至第12题

10. 你平时是否不太愿意把自己的优点全部展示出来?

  是…………………………………… 你属于A型

  否…………………………………… 请移至第15题

11. 你平时写文章是否不太注意措辞?

  是…………………………………… 请移至第13题

  否…………………………………… 请移至第14题

12. 你是否有过求职失败的经历?

  是…………………………………… 你属于A型

  否…………………………………… 请移至第13题

13. 你是否接到过面试的通知?

  是…………………………………… 你属于D型

  否…………………………………… 你属于E型

14. 你是否经常上网收集资料?

是·································· 请移至第15题

否·································· 你属于D型

15. 平时吃东西的时候，你是否总是把最好吃的都留到最后吃?

是·································· 你属于C型

否·································· 你属于B型

测试结果分析：

A.你求职失败的原因在于你对自己信心不足。你总会觉得别人可能比你学历高，比你能力强，比你优秀，你很有可能会被他们比下去，也就是因为你总是有这样那样的想法，很多时候表现不出你应有的水平。

B.你求职失败的原因在于你专业知识不够扎实。你擅长的东西涉及面很广，让人感觉你什么都懂一点，但是什么都懂的人就很难在某一方面很精，如果你专业知识不扎实，但是又一味在找一份和自己专业相关的工作，就很容易碰钉子。

C.你求职失败的原因在于对自己认识不足，对自己定的目标远远低于自己的能力。你总是认为能找到一份稳定的工作就可以了，无所谓能否体现自己的价值。所以你经常会找一些门槛很低的工作，但是往往这些工作不需要你这样能力的人。

D.你求职失败的原因在于你对你所应聘的工作不够了解。你往往只是一味地投简历，但是对于那些用人单位并没有过多地去了解，以至于在面试的过程中，你经常会一问三不知，这会让面试官觉得你并没有在认真地对待这份工作。

E.你求职失败的原因是因为你的个人简历没有优势。你对于个人简历没有用心去做，也许你只是在网上随便找一个模板照着填一份就草草投出去了，并没有把你个人的优势显现出来，这很容易让你的简历石沉大海。

你能忍受被忽视的感觉吗

你害怕孤独吗

在你的婚房客厅，你会放置一个什么样的沙发呢?

A.印有天使图案的

B.几何图形图案的

C.花朵图案的

D.贝壳图案的

E.格纹图案的

测试结果分析:

A.你天生就害怕孤独，如果让你一个人待在某个地方，你会恐惧，你只有在人多的地方才会觉得安心。但是，你并不会因为热闹，人多就没有孤独感，因为你的内心从来都是寂寞的，你正因为这样，你有时候会显得很冷漠。

B.你耐得住寂寞，有强烈的个人主义思想。在你眼里，夫妻或者情侣只是两个不同性格的结合，两个人在一起，要有各自独立的空间，只要相互之间能互相体谅就好。

C.你不喜欢孤单，你喜欢热闹，喜欢人多。你很喜欢交朋友，喜欢被朋友关注的感觉。但是，你又有点爱慕虚荣，在朋友交往中，你经常把自己孤立起来，希望能成为众人的焦点，喜欢让大家听你一个人说话。时间长了，很容易让大家觉得你高高在上不好接触。

D.你害怕寂寞，但是多愁善感的你有时候也喜欢一个人独处。你平时喜欢热闹的氛围，喜欢和朋友们谈天说地，你富有爱心，具有博爱精神，但是经常会对人生喜怒哀乐倍感忧愁。

E.你极度害怕孤独。你非常看重和朋友、亲人之间的情谊，失去任何一个朋友和亲人对你来说都是一件难以忍受的事情。你对待朋友家人都非常的体贴和照顾，你也是一个非常能揽事儿的人，有机会就会招呼朋友们聚聚，你就是喜欢那份热闹和温情。

💊 你有依赖性吗

　　你坐在朋友的摩托车上，开到一段人少的道路是，他突然加速开得飞快，你很害怕，这时候你的手会怎么放?

　　A.手扶在身后的把手上

　　B.双手扶着朋友的腰两侧

　　C.双手搭在膝盖上

　　D.双手紧紧环抱着朋友的腰

测试结果分析：

选择A：你是一个独立性很强的人。即使没有旁人的帮助，你也可以一个人应对很多事情。在爱情上，你不是一个粘人的人，你喜欢给对方和自己相对独立的空间，但是这并不能说明你不爱对方，事实上，你对爱情还是很投入的，你的恋人也赞同你的做法。

选择B：你表面上看是挺有独立性的人，但其实你的内心很脆弱。在很多问题上，你常常希望有人能帮助你，在你的内心，你害怕一个人，害怕被别人忽视。其实，你应该学会依靠自己，就算是得不到别人的关注，也可以很好地处理生活中的各种问题。

　　选择C:你是一个喜欢独来独往人，不管是对谁，你都不喜欢过多地依赖，也不喜欢和朋友深交。在感情上，你不喜欢你的恋人过分地依恋你，你对他(她)总是若即若离，因此，你的恋人经常对你捉摸不透，不知道你的真实想法。

　　选择D:你是一个依赖性很强的人。你总是表现得让人感觉你是一个什么都不会的人，在家里，你依赖父母，在外面，你依赖朋友。一旦这些可以让你依赖的人对你有些许忽视或者不上心，你就会心里发慌，做什么事情都没底。可你总会长大，你要学会独自，没有谁能让你依赖一辈子，要给自己足够的信心，这样你才能够立足于这个社会。

🔖 你会善待自己吗

　　如果你正走在大街上，不小心踩到地上的香蕉皮，摔了个大跟头，你感觉你会对自己说的第一句话是什么?

　　A.好可怜! 不疼不疼

　　B.谁那么没有公德，把香蕉皮扔地上

　　C.看来我今天应该去买彩票

　　D.好丢脸啊

测试结果分析：

A.你是一个善待自己的人，你经常把自己当成小孩来看待，在别人看来你就是一个没有长大的小孩。

B.你对待自己的爱已经不是一般的爱，已经是一种过分的爱，就像是大人对小孩的溺爱，你经常会把自己的过错归咎到别人的身上，从来不会在自己身上找原因。

C.你属于那种很会安慰自己的人，遇到挫折你经常可以用一种幽默的方式来安慰自己，所以，你很快能把不快情绪置于脑后。

D.你是一个不会善待自己的人，你经常会为了帮助别人而牺牲自己。